南方五省区主要高载能行业发展及用电报告

（2020年）

南方电网能源发展研究院有限责任公司　编著

图书在版编目（CIP）数据

南方五省区主要高载能行业发展及用电报告.2020年/南方电网能源发展研究院有限责任公司编著.—北京：中国电力出版社，2020.11

ISBN 978-7-5198-5159-0

Ⅰ.①南… Ⅱ.①南… Ⅲ.①能源消耗—产业发展—研究报告—中国—2020 Ⅳ.①F426.2

中国版本图书馆CIP数据核字（2020）第220111号

出版发行：中国电力出版社
地　　址：北京市东城区北京站西街19号（邮政编码100005）
网　　址：http：//www.cepp.sgcc.com.cn
责任编辑：岳　璐（010-63412339）
责任校对：黄　蓓　朱丽芳
装帧设计：张俊霞
责任印制：石　雷

印　　刷：北京瑞禾彩色印刷有限公司
版　　次：2020年11月第一版
印　　次：2020年11月北京第一次印刷
开　　本：787毫米×1092毫米　16开本
印　　张：6
字　　数：80千字
印　　数：0001—1000册
定　　价：52.00元

《南方五省区主要高载能行业发展及用电报告（2020年）》
编　写　组

组　　长　朱浩骏
主 笔 人　席云华　董　楠　黎立丰
编写人员　蒙文川　孙思扬　饶　志　肖天颖　姜颖达
杨少瑞

前言

2019年，全国高载能行业继续深入推进供给侧结构性改革，化解产能过剩工作成效显著，行业产能利用率有所上升，单位产品生产电耗不断下降。2019年，南方五省区主要高载能行业生产延续增长势头，有色金属、黑色金属、非金属三大类行业合计用电量同比增长9.2%，占第二产业用电量的比重约为33.3%。有色金属中的电解铝行业用电量同比增长17.6%，成为拉动南方五省区全社会用电量增长的主要力量。

《南方五省区主要高载能行业发展及用电报告（2020年）》根据区域产业特点，选取了用电量比重较大的电解铝、钢铁、水泥三个行业进行分析和研判。报告对上述三个行业2019年的产量、消费、产品价格、产能变化、政策等进行统计分析，结合2020年以来行业运行情况，研判行业发展趋势，提出了“十四五”期间高载能行业发展需关注的问题及建议。

《南方五省区主要高载能行业发展及用电报告（2020年）》是南方电网能源发展研究院有限责任公司年度系列专题研究报告之一。编著本报告，旨在为能源电力行业业内人士、关注高载能行业发展的专家和社会人士提供参考。

本报告在编写过程中，得到了中国南方电网有限责任公司市场营销部、计划与财务部等部门的悉心指导，在此表示最诚挚的谢意！

鉴于水平有限，报告难免有疏漏及不足之处，敬请批评指正！

编 者

2020年10月

目 录

CONTENTS

第 1 章

高载能行业发展总体情况

1.1　2019 年高载能行业[1]运行情况

2019 年全球经济整体上呈疲弱态势。受贸易摩擦、地缘政治紧张等因素影响，2019 年全球经济进入同步放缓，不少经济指标创下 2008 年国际金融危机以来的新低，全球经济增长下行压力持续加大。世界银行数据显示，2019 年全球经济生产总值（Gross Domestic Product，GDP）同比增长 2.4%，增速同比下降 0.6 个百分点；IMF 数据显示，2019 年全球 GDP 同比增长 2.9%，增速同比下降 0.7 个百分点。

2019 年我国经济运行总体平稳。2019 年，我国国内生产总值 99 万亿元，同比增长 6.1%，增速同比下降 0.5 个百分点，符合 6%～6.5%的预期目标。固定资产投资小幅回落。全国固定资产投资同比增长 5.4%，增速同比下降 0.5 个百分点。其中，基础设施投资增长 3.8%，增速与上年持平。社会消费平稳增长。社会消费品零售总额同比增长 8.0%，增速同比下降 1.0 个百分点。对外贸易增长大幅下滑。全年货物进出口总额同比增长 3.4%，增速同比下降 6.3 个百分点。其中，出口总额同比增长 5.0%；进口总额同比增长 1.6%。

1.1.1　2019 年全国高载能行业运行情况

电解铝、钢铁等行业继续深入推进供给侧结构性改革。2019 年，铝行业严控电解铝新增产能，严格执行产能置换政策；钢铁行业继续巩固去产能成果，大量置换产能在 2018～2019 年处于集中建设期；水泥行业产能置换平稳有序开

---

[1] 高载能行业是指对资源（电力、天然气等）需求量大的产业。在电力行业统计分析中，有色金属冶炼和压延加工业、黑色金属冶炼和压延加工业、非金属矿物制品业、化学原料和化学制品制造业、石油/煤炭及其他燃料加工业、电力/热力生产和供应业均为高载能行业。本报告中有色金属冶炼和压延加工业简称为有色金属行业，黑色金属冶炼和压延加工业简称为黑色金属行业，非金属矿物制品业简称为非金属行业。

展，全年压减过剩产能 604 万 t。

电解铝产量出现近十年来首次负增长，铝冶炼行业利润快速增长。2019 年，有色金属行业中，电解铝产量为 3504 万 t，受上年较高基数影响，产量同比下降 0.9%；铜产量为 978 万 t，同比增长 10.2%；铅产量为 580 万 t，同比增长 14.9%；锌产量为 624 万 t，同比增长 9.2%。电解铝行业产能过剩有所缓解，加之生产成本下降，铝冶炼行业利润为 205 亿元，同比增长 11.7%。

粗钢生产延续 2016 年以来增长势头，增速小幅提升，钢铁行业企业利润大幅下降。2019 年，全国粗钢产量为 9.96 亿 t，同比增长 8.3%；钢材产量为 12.05 亿 t，同比增长 9.8%。受钢材价格波动下行、生产成本上涨等因素影响，钢铁行业经济效益大幅回落。2019 年，中国钢铁工业协会会员钢铁企业实现利润 1890 亿元，同比下降 30.9%。

水泥生产延续 2018 年以来增长势头，行业利润快速增长。2019 年，全国水泥产量为 23.3 亿 t，同比增长 6.1%，增速持续提升。2019 年，水泥行业利润为 1867 亿元，同比增长 19.6%，再创历史最高水平。

2010～2019 年全国高载能行业主要产品产量同比增速如图 1-1 所示。

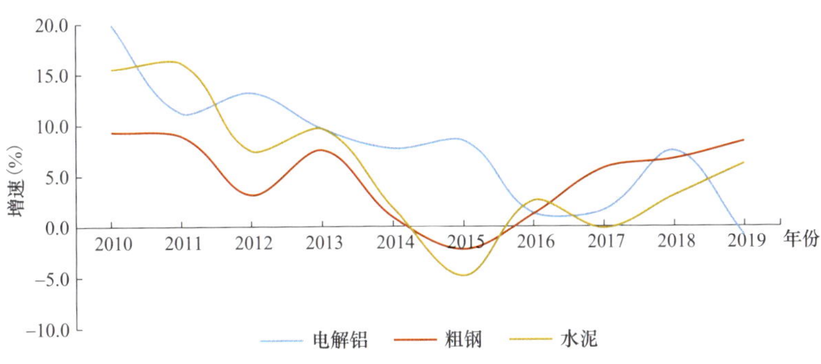

图 1-1　2010～2019 年全国高载能行业主要产品产量同比增速

数据来源：国家统计局

1.1.2　2019 年南方五省区[1]高载能行业运行情况

在资源禀赋、区位条件等因素作用下，南方五省区高载能行业呈现不同的产能布局趋势。其中，电解铝行业在原材料、电力成本优势的刺激下，将产能转移至广西、云南两省区。钢铁行业企业向临港临海型布局，广东和广西区位优势明显。

南方五省区电解铝产量延续 2015 年以来快速增长势头，同比增长 23.8%，桂滇黔三省区均以两位数的速度增长。2019 年，我国电解铝新增产能仍然主要集中在云南、广西等地。广西德保、苏源，云南溢鑫、云铝、神火，贵州兴仁登高等企业新建电解铝产能，但新增产能投产节奏放缓。2019 年，南方五省区电解铝产量为 506 万 t，同比增长 23.8%，增速同比提高 2.7 个百分点，比全国高 24.7 个百分点。其中，广西、云南和贵州产量同比分别增长 31.1%、14.6%和 23.3%。

南方五省区粗钢产量同比增长 13.4%，增速达 2014 年以来最高值。钢铁产业布局长期以来存在北重南轻的现象，但在环保和原材料运输等成本因素驱动下，较多钢铁企业逐步将产能向临港临海地区转移。2019 年，河北津西及九江线材两个重大钢铁项目落户广西，两大项目年产能均超千万吨。2019 年，南方五省区粗钢产量为 8489 万 t，同比增长 13.4%，增速同比提高 8.2 个百分点，增速比全国高 5.1 个百分点。

南方五省区水泥产量增速由负转正，同比增长 3.5%，增速比全国低 2.6 个百分点。2019 年，水泥投产产能主要集中在西南地区，其中约一半为产能置换项目，贵州、云南、广西先后通过实施跨省产能置换新增水泥产能项目。2019 年，南方五省区水泥产量为 54 486 万 t，同比增长 3.5%，增速同比提高 3.8 个百分点。

[1] 本报告南方五省区指广东、广西、云南、贵州和海南。

2010～2019 年南方五省区高载能行业主要产品产量同比增速如图 1－2 所示。

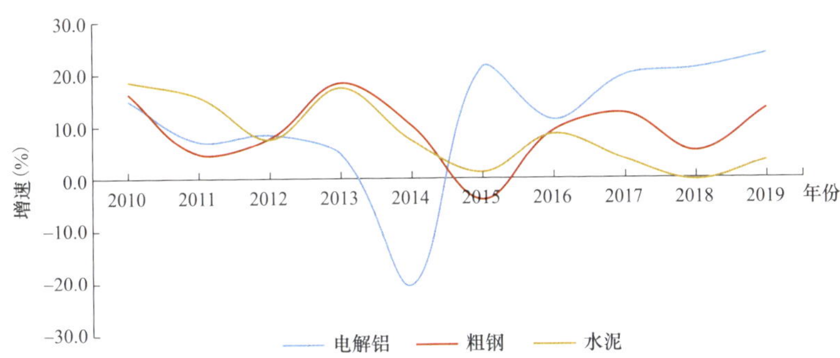

图 1－2　2010～2019 年南方五省区高载能行业主要产品产量同比增速

数据来源：国家统计局

1.2　2020～2021 年高载能行业发展展望

2020 年全球经济陷入衰退。新冠肺炎疫情导致全球经济活动出现前所未有的下滑，全球经济陷入衰退，消费和服务产出显著下降。IMF 在 6 月预计，2020 年全球 GDP 同比下降 4.9%，2021 年同比增长 5.4%。世界银行 6 月预计，2020 年全球 GDP 同比下降 5.2%，将是第二次世界大战以来程度最深的经济衰退。

我国经济增长面临较大挑战。新冠肺炎疫情也对我国经济发展和政策制订带来新的挑战。受新冠肺炎疫情冲击，一季度我国 GDP 同比下降 6.8%，二季度 GDP 同比增长 3.2%，上半年同比下降 1.6%。预计 2020 年全国 GDP 同比增长 2%～3%。

1.2.1　全国高载能行业发展展望

高载能行业主要产品产量将呈现低速增长态势。2020 年，新冠肺炎疫情的爆发导致高载能企业停工、延迟复工，对高载能行业生产带来不同程度的冲击。但随着新冠肺炎疫情防控形势向好和复工复产的有序推动，高载能行业生产呈现稳步恢复的态势。从行业来看，电解铝行业三季度预计有部分新投产产能释放，预计全年电解铝产量为3522万t，同比增长0.5%；粗钢产量为10.3亿t，同比增长3.4%；在错峰限产政策约束下，水泥行业产量保持平稳，预计产量为23.4亿t，同比增长0.5%。2021年，预计电解铝、粗钢和水泥产量同比分别增长0.8%、1.9%、2.7%。

2020～2021年全国高载能行业生产走势预测见表1-1。

表1-1　2020～2021年全国高载能行业生产走势预测

分　类	年　份	电解铝（万t）	粗钢（亿t）	水泥（亿t）
产量	2018	3580	9.3	21.8
	2019	3504	10.0	23.3
	2020E	3522	10.3	23.4
	2021E	3550	10.5	24.1
同比增速（%）	2018	7.4	6.6	3.0
	2019	-0.9	8.3	6.1
	2020E	0.5	3.4	0.5
	2021E	0.8	1.9	2.7

1.2.2　南方五省区高载能行业发展展望

“十三五”期间，南方五省区电解铝和钢铁行业承接的异地置换产能较多，随着新项目逐步投产，未来两年电解铝和钢铁产量仍将保持较快速度增长。

电解铝生产将延续高速增长态势，预计产量增速超过15%。云南和广西两省区电解铝生产快速增长，预计2020年南方五省区电解铝产量同比增长16.1%，2021年同比增长17.5%。

钢铁产量较快增长，预计产量增速在 9%～10%之间。广东和广西粗钢产量将保持较快增长，预计 2020 年南方五省区粗钢产量同比增长 9.2%，2021 年同比增长 10.2%。

水泥行业弱势运行，预计产量增速不超过 4%。错峰生产和环保政策共同作用压制水泥产量，预计 2020 年南方五省区水泥产量同比增长 1.5%，2021 年同比增长 3.8%。

2020～2021 年南方五省区高载能行业生产走势预测见表 1-2。

表 1-2　　2020～2021 年南方五省区高载能行业生产走势预测

分　类	年　份	电解铝	粗　钢	水　泥
产量（万 t）	2018	425	7486	52 667
	2019	506	8489	54 486
	2020E	587	9267	55 316
	2021E	690	10 215	57 421
同比增速（%）	2018	21.1	5.2	5.9
	2019	23.8	13.4	3.5
	2020E	16.1	9.2	1.5
	2021E	17.5	10.2	3.8

2015～2021 年南方五省区高载能行业主要产品产量同比增速如图 1-3 所示。

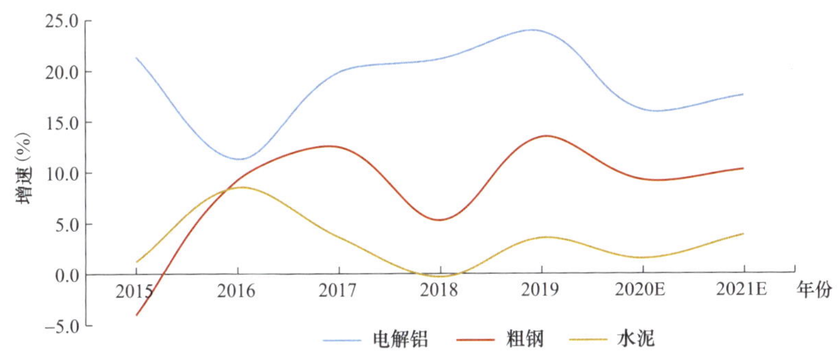

图 1-3　2015～2021 年南方五省区高载能行业主要产品产量同比增速

1.3 南方五省区高载能行业电力消费

1.3.1 高载能行业与电力的关系

“十三五”期间，随着技术的不断进步和环保压力增强，高载能行业电耗总体呈现下降趋势，降耗空间逐步收窄。2019年，电价继续下降，持续利好高载能行业企业。

电解铝单位产品电耗高，对电价较为敏感，近年来将产能转移至电力资源丰富、电价低廉的地区。生产电耗方面，2019年，南方五省区电解铝企业交流电耗大多低于13 580kWh/t，同比下降0.15%。电力成本方面，目前广西、云南、贵州地区电解铝生产成本中，电力成本所占的比重约为33%。用电量与产量关系方面，电解铝行业生产工艺相同，行业用电量与产品产量相关度较高。

钢铁单位产品生产电耗不高，电力成本在生产成本中所占的比重较低。生产电耗方面，钢铁行业由于产品多样和工艺复杂，不同企业、不同产品的生产电耗存在较大差异。2019年，南方五省区各省钢铁企业的生产电耗在340～460kWh/t之间，与上年基本相当。电力成本方面，含铁原料费用是钢铁行业最主要的生产成本，电费占生产成本比重在4%～10%之间。用电量与产量关系方面，钢铁是我国应用规模最大的金属材料，行业用电量较大。钢铁行业用电量受企业产品类型、流程工艺、设备能耗水平等多种因素影响，用电量与产量直接相关度不高。

水泥的生产电耗不高，电力成本在生产成本中所占的比重相对较低。生产电耗方面，2019年，水泥行业产品生产电耗不高，南方五省区单位水泥产品电耗约62.5kWh/t，与上年基本相当。电力成本方面，电力成本占水泥生产成本的15%左右。由于余热发电量占水泥耗电量的比重为30%～45%，随着余热发

电技术的普及推广，水泥用电成本将明显下降。用电量与产量关系方面，水泥行业生产工艺趋同，行业用电量与产品产量相关度较高。

1.3.2　2019 年高载能行业电力消费情况

高载能行业用电量占第二产业的比重回升。2010～2019 年间，南方五省区高载能行业用电量占比呈现波动上升的趋势。2019 年，有色金属、黑色金属和非金属行业用电量合计占第二产业用电量的比重为 33.3%，与 2015 年相比，有色金属、非金属行业用电量占比分别提高了 4.6、0.1 个百分点，黑色金属行业占比下降了 1.2 个百分点。2010～2019 年南方五省区高载能行业用电量占第二产业的比重如图 1-4 所示。

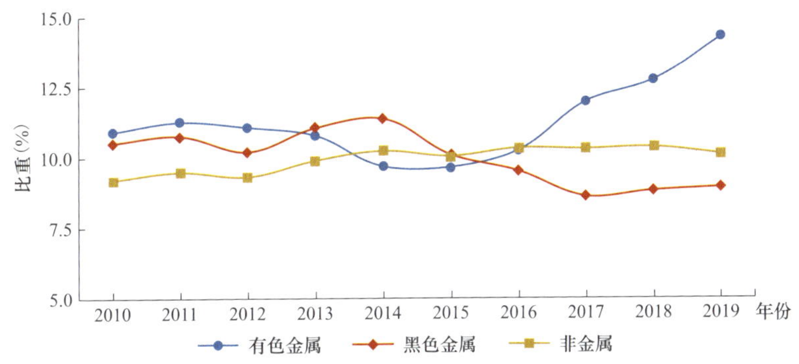

图 1-4　2010～2019 年南方五省区高载能行业用电量占第二产业的比重

数据来源：中国电力企业联合会

电解铝行业用电量以两位数的速度增长。2019 年，南方五省区电解铝行业用电量 675 亿 kWh，同比增长 17.6%，增速同比下降 2.7 个百分点。

钢铁行业用电量增速放缓。2019 年，南方五省区钢铁用电量 396 亿 kWh，同比增长 8.5%，增速同比下降 13.0 个百分点，增速比全国高 4.2 个百分点。

水泥行业用电量相对平稳。2019 年，南方五省区水泥用电量 302 亿

kWh，同比增长 5.5%，增速同比提高 2.7 个百分点，增速比全国低 4.6 个百分点。

2010～2019 年南方五省区主要高载能行业用电量如图 1-5 所示。

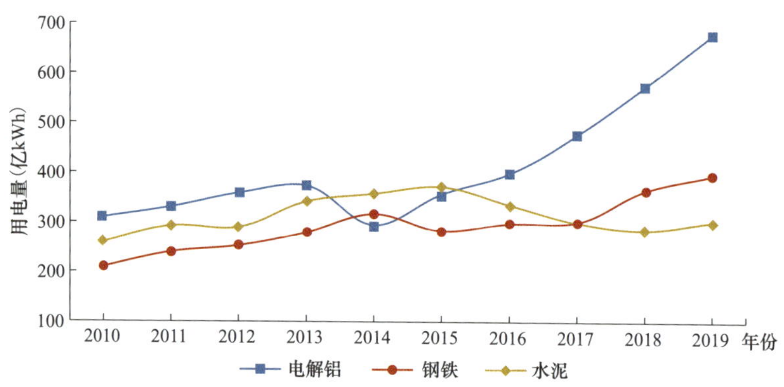

图 1-5　2010～2019 年南方五省区主要高载能行业用电量

数据来源：中国电力企业联合会

1.3.3　2020～2021 年高载能行业电力消费预测

电解铝行业用电量保持快速增长。随着云南和广西新增产能不断投产，预计电解铝用电量将继续保持快速增长，2020、2021 年，南方五省区电解铝行业用电量分别为 781 亿、916 亿 kWh，同比分别增长 15.8%、17.3%。其中，2020 年，广西和云南同比分别增长 13.7%和 29.7%。

钢铁行业用电稳步增长。随着广东、广西承接的钢铁项目建成投产，南方五省区钢铁行业用电将稳步增长，2020、2021 年，南方五省区钢铁行业用电量分别为 420 亿、460 亿 kWh，同比分别增长 6.0%、9.6%。

水泥行业用电量相对平稳。水泥熟料生产在南方五省区属于引导逐步调整退出或不再承接的产业，产能处于高位，增长空间小，预计近两年南方五省区水泥行业用电量将维持现状水平或小幅增长，2020、2021 年同比增速分别为 1.7%、3.1%。

南方五省区主要高载能行业用电走势预测见表 1-3。

表1-3　　南方五省区主要高载能行业用电量走势预测

分　类	年　份	电解铝	钢　铁	水　泥
用电量（亿kWh）	2018	574	365	285
	2019	675	396	302
	2020E	781	420	307
	2021E	916	460	317
同比增速（%）	2018	20.3	21.5	2.8
	2019	17.6	8.5	5.5
	2020E	15.8	6.0	1.7
	2021E	17.3	9.6	3.1

1.4　高载能行业发展总结及建议❶

1.4.1　高载能行业发展总结

高载能行业产能利用率有所上升，化解产能过剩工作成效显著。随着过剩产能的逐步退出，高载能行业产能利用率有所提高。2019年，全国有色金属行业、黑色金属行业、非金属行业产能利用率分别为79.8%、80.0%、71.3%，同比分别提高1.0、2.0、1.4个百分点。

电解铝、水泥行业利润快速增长，钢铁行业利润大幅下滑。2019年，在政策引导、原材料价格下降交互作用下，电解铝行业运行逐渐向稳向好，2019年铝冶炼行业利润同比增长11.7%；水泥价格涨势明显，水泥供需形势继续保持较好态势，推动水泥行业效益继续增长，2019年水泥行业利润同比增长19.6%；2019年，受原材料、燃料价格高位波动等因素影响，钢铁企业生产成本上升，行业效益下降明显，2019年中国钢铁工业协会会员钢铁企业利润同比

❶　数据来源：工信部、科技部、上海有色网、安泰科、光大证券、国际钢铁行业协会等。

下降30.9%。

电解铝、水泥行业产业集中度明显提升，钢铁行业产业集中度与工信部规划目标还有一定差距。电解铝和水泥行业产业集中度明显提升，电解铝行业CR5[1]为52%，前10家水泥企业集团熟料产能集中度达64%，比2015年提高12个百分点。根据最新的统计数据，我国钢铁行业CR10仅为35%，同比下降1.7个百分点，与国家工信部在《钢铁工业调整升级规划（2016—2020年）》中提出的“2020年钢铁行业产业集中度（CR10）达到60%”的目标相比还有一定距离，与美国、日本、韩国[2]相比还有较大上升空间。

高载能行业生产电耗逐渐下降，接近国际先进水平。近年来，高载能行业不断改进工艺，在节能降耗方面取得较大进步，铝冶炼电耗、钢铁行业炼铁工序电耗等指标都呈明显下降趋势。2000年，我国电解铝综合交流电耗为15 480kWh/t，目前电耗超过13 000kWh/t，接近国际先进水平。钢协会员企业吨钢综合能耗比2015年降低了3.3%。水泥电耗在60kWh/t左右，处于国际先进水平。若生产工艺无大幅改进，高载能行业生产进一步节能降耗空间有限。

铝冶炼行业显著拉动南方五省区用电量增长。2019年，南方五省区四大高载能行业[3]用电量同比增长6.6%，增速比第二产业高1.7个百分点，拉动全社会用电量增长1.6个百分点。其中，铝冶炼行业用电量同比增长19.9%，增速比全国水平高21.8个百分点，拉动全社会用电量增长1.2个百分点。2020年上半年，电解铝行业用电量继续高速增长，增速维持在两位数以上。

1.4.2 “十四五”期间高载能行业发展需关注的问题及建议

国内外经济形势不确定因素增加，高载能行业运行面临一定的压力。新冠

---

[1] CR*n*是行业前*n*名份额集中度指标。如，行业CR5即为排名前五的企业产量占全国总产量的百分比。

[2] 美国、日本、韩国钢铁行业CR3分别为54.0%、79.8%、93.2%。

[3] 四大高载能行业是指黑色金属冶炼和压延加工业、有色金属冶炼和压延加工业、非金属矿物制品业、化学原料和化学制品制造业。

肺炎疫情对世界经济格局造成较大冲击，是“大萧条”以来最严重的经济衰退，全球贸易急剧萎缩。根据世界贸易组织最新预测，2020 年世界贸易额将同比下降 13%～32%，我国高载能行业产品对外贸易受阻。从国内来看，新冠肺炎疫情对高载能行业下游需求造成一定冲击，需求恢复相较于供给还需要更长的时间，“十四五”期间行业运行面临一定的压力。

随着置换产能逐步投产，部分行业产能过剩压力仍然存在。“十四五”期间，我国高载能行业产能置换将基本结束，电解铝产能到达上限值 4500 万 t 左右[❶]，粗钢产能降至 10 亿 t 以下，水泥设计产能维持在 18 亿～19 亿 t 之间。从整体趋势看，国内钢材需求将进入减量阶段，原铝消费和水泥需求进入平台期。预计“十四五”期间，电解铝需求量年均增长 1.5%，水泥年均增长 1.0%，粗钢年均下降 3.0%。随着置换产能逐步投产，需防范产能再一次过剩。

“十四五”时期南方五省区高载能行业用电量增速将“前高后低”。近年来，西部省区电解铝产能迅速增长。根据国家工信部数据，2018 年约有 400 万 t 电解铝产能实现了跨省置换，据上海有色网调研，2019～2020 年全国计划新增电解铝产能 520 万 t，新增产能集中在广西、云南、内蒙古和贵州等地。2020 年，各地置换的钢铁产能预计约有 8000 万 t 即将投产，南方沿海地区成为产能转移重要承接地，柳钢防城港钢铁基地等重大项目正逐步投产。预计至 2022 年左右电解铝、钢铁产能置换基本结束，“十四五”后期南方五省区电解铝、钢铁用电量将由高速增长转为中低速增长。

建议关注“十四五”期间南方五省区高载能行业电力供应保障问题。“十四五”期间，我国电力需求仍将持续增长，中东部等地区电力平衡面临较大压力，南方五省区整体上电力供应偏紧。考虑规划产能投产进度、市场运行等不确定性因素，预计南方五省区“十四五”期间电解铝、钢铁、水泥行业新增用电量 500 亿～750 亿 kWh，建议关注高载能行业的电力供应保障问题。

❶　安泰科测算值。

第 2 章

有色金属行业

根据《国民经济行业分类》（GB/T 4754—2017），有色金属冶炼和压延加工业包括铝冶炼、铅冶炼、锌冶炼、稀有金属冶炼等细分行业。铝冶炼用电量占南方五省区有色金属冶炼和压延加工业用电量的 75%以上。铝冶炼各环节中电解铝生产用电量占比较大，占南方五省区铝冶炼行业用电量的 77%左右，本章重点分析电解铝行业的现状与发展趋势。

2.1　2019 年有色金属行业运行情况

2.1.1　全国有色金属行业整体情况

产量平稳增长，增速有所回落。2019 年，十种有色金属产量为 5842 万 t，同比增长 3.5%，增速同比回落 2.5 个百分点。其中，电解铝产量为 3504 万 t，同比下降 0.9%，铝材产量为 5252 万 t，同比增长 7.5%。精炼铜、铜材产量分别为 978 万、2017 万 t，同比分别增长 10.2%、12.6%；铅、锌产量为 580 万、624 万 t，同比分别增长 14.9%、9.2%。2017～2019 年我国十种有色金属产品产量见表 2-1。

表 2-1　　2017～2019 年我国十种有色金属产品产量

指标名称	2017 年		2018 年		2019 年	
	产量（万 t）	同比增速（%）	产量（万 t）	同比增速（%）	产量（万 t）	同比增速（%）
十种有色金属总计	5378	3	5688	6	5842	3.5
1. 精炼铜	889	7.7	903	8	978	10.2
2. 原铝（电解铝）	3227	1.6	3580	7.4	3504	-0.9
3. 铅	472	9.7	511	9.8	580	14.9
4. 锌	622	-0.7	568	-3.2	624	9.2
5. 镍	20.3	-7.5	18	6.4	19.6	8.9
6. 锡	18.2	-0.3	17.8	5.1	18.3	2.7
7. 锑	19.9	9.1	19.2	1.4	24.1	25.3

续表

指标名称	2017年		2018年		2019年	
	产量（万t）	同比增速（%）	产量（万t）	同比增速（%）	产量（万t）	同比增速（%）
8. 汞	0.357	4.1	0.232	18.9	0.35	50.9
9. 镁	102	3.8	69.6	－21.4	86.5	15
10. 海绵钛	6.2	－3.8	6.9	12.1	8.8	27.7

数据来源：国家统计局、万得资讯（Wind）、公开资料

2010～2019年我国十种有色金属累计产量及同比增速如图2－1所示。

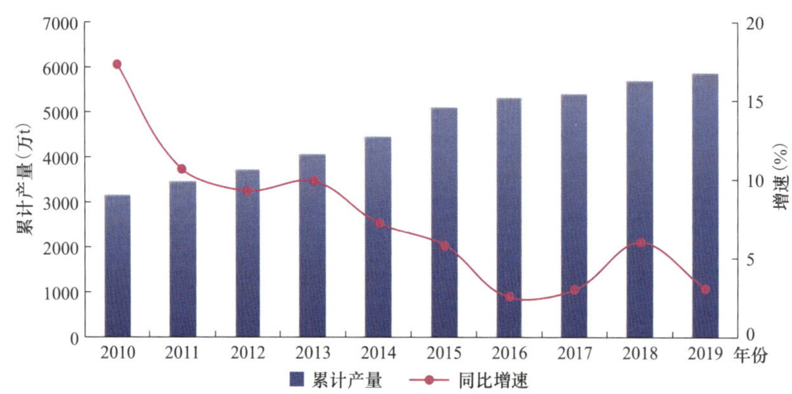

图2－1　2010～2019年我国十种有色金属累计产量及同比增速

数据来源：国家统计局

产品价格持续震荡回落。2019年，铅、锌现货均价16 639元/t、20 489元/t，同比下降12.8%、13.6%。铝价延续弱势震荡走势，全年现货均价13 960元/t，同比下降2.1%；铜价延续弱势震荡走势，全年现货均价47 739元/t，同比下降5.8%。2017年以来长江有色金属市场有色金属价格走势如图2－2所示。

行业效益延续下滑走势。2019年，规模以上有色金属营业收入为60 042亿元，同比增长7.1%，增速比工业平均值高2.6个百分点。行业利润总额为1578亿元，同比下降6.5%，其中，矿采选业利润为301亿元，同比下降28.4%；冶炼和压延加工行业利润为1277亿元，同比增长1.2%。2010～2019年我国有色金属工业产品利润及同比增速如图2－3所示。

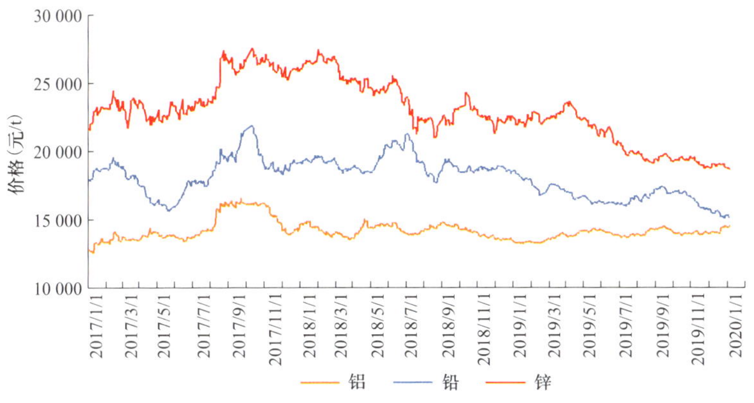

图 2 - 2　2017 年以来有色金属价格走势

数据来源：长江有色金属市场

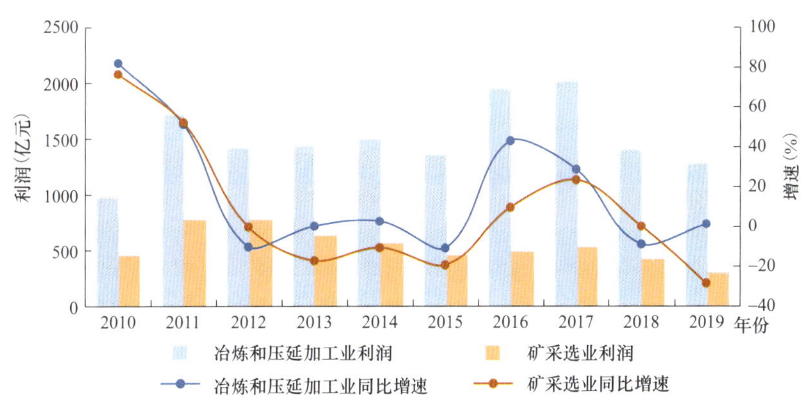

图 2 - 3　2010～2019 年我国有色金属工业产品利润及同比增速

数据来源：国家统计局

国内需求增速放缓，进出口贸易同比下降。2019 年，有色金属销售量为 5593 万 t，同比增长 3.1%，增速同比微降 0.1 个百分点。2019 年，有色金属制品进口贸易总额为 486 亿美元，同比下降 13.1%；出口总额为 263 亿美元，同比下降 4.3%，贸易顺差 223 亿美元。2010～2019 年我国有色金属产品销售量及同比增速如图 2 - 4 所示。2010～2019 年有色金属制品进出口金额及同比增速如图 2 - 5 所示。

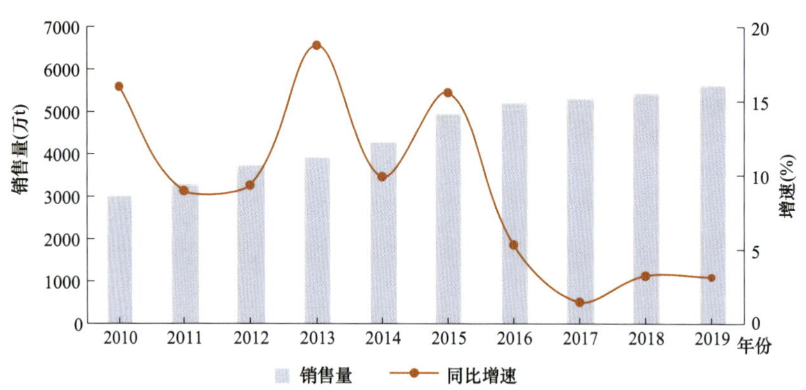

图 2-4　2010～2019 年十种有色金属产品销售量及同比增速

数据来源：国家统计局

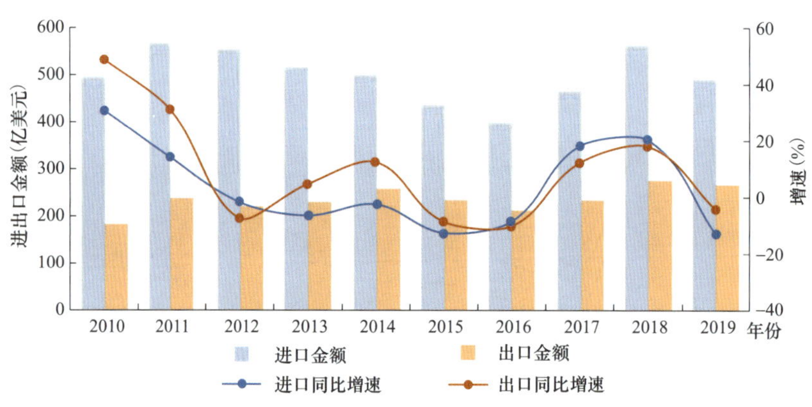

图 2-5　2010～2019 年我国有色金属制品进出口金额及同比增速

数据来源：中国海关总署

固定资产投资恢复性增长。2019 年，有色金属行业固定资产投资扭转一季度以来同比大幅下降的趋势，全年投资累计增长 2.1%，其中冶炼和压延加工业投资同比增长 1.2%。2010～2019 年我国有色金属冶炼和压延加工业固定资产投资及同比增速如图 2-6 所示。

2.1.2　全国电解铝行业运行情况

铝是产量最大的有色金属，被广泛应用于建筑、交通运输、电力、制造和

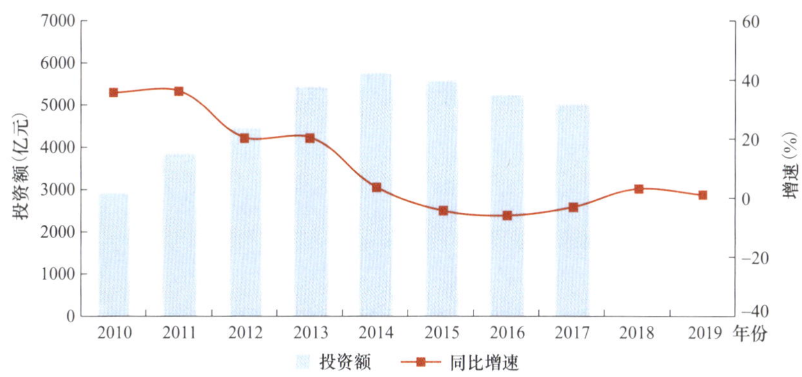

图 2-6　2010～2019 年我国有色金属冶炼和压延加工业固定资产投资及同比增速

注：2018 年以来投资额未公布。

数据来源：国家统计局

包装等领域，是国民经济发展的重要基础原材料。铝产业链包括铝土矿开采、氧化铝提炼、电解铝生产和铝材加工四个环节组成。电解铝生产环节需耗费大量的铝土矿资源和电力。铝产业链图见附录图 A。

产能加速向云南、内蒙古等地区转移。2019 年，全国电解铝产能跨省置换 300 多万吨，其中 246 万 t 置换至云南等清洁能源富集地区。2019 年，全国电解铝新增建成产能 257 万 t，同比增长 6.0%。2019 年底全国主要产区电解铝产能分布见表 2-2。2019 年底全国各省电解铝产能分布如图 2-7 所示。

表 2-2　　2019 年底全国主要产区电解铝产能情况

省份	建成产能（万 t）	运行产能（万 t）	产能运行率（%）	建成产能占比（%）	上年占比（%）
山东	1146	816	71.2	25.4	25.1
新疆	795	599	75.3	17.6	17.4
内蒙古	528	421	79.8	11.7	12.3
河南	360	170	47.2	8.0	6.8
甘肃	297	237	79.9	6.6	7.1
青海	298	234	78.5	6.6	6.6

续表

省份	建成产能（万t）	运行产能（万t）	产能运行率（%）	建成产能占比（%）	上年占比（%）
其他	1095	935	85.4	24.2	24.8
全国	4517	3411	75.5	100	100

数据来源：卓创资讯，南网能源院整理

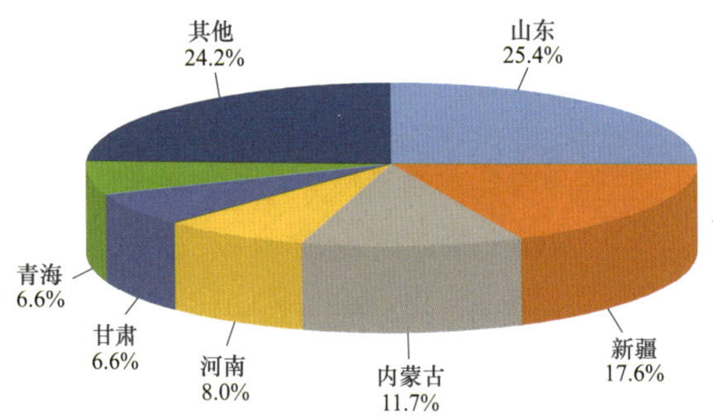

图2-7　2019年底我国各省电解铝产能分布

数据来源：卓创资讯

全国电解铝产量出现十年来首次负增长。2019年电解铝产量为3504万t，同比下降0.9%，增速同比下降8.3个百分点。2019年底，电解铝行业开工率为76%。2010～2019年我国电解铝产量及同比增速如图2-8所示。

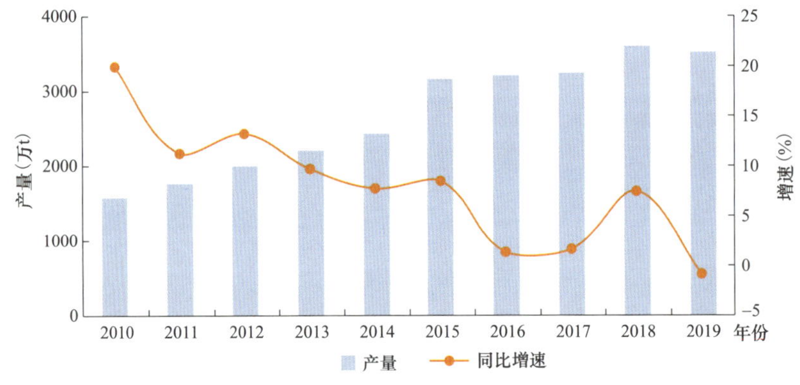

图2-8　2010～2019年我国电解铝产量及同比增速

数据来源：国家统计局

全国电解铝消费出现近 30 年来首次负增长。2019 年，我国电解铝消费量为 3520 万 t，同比下降 2.3%，为三十年来首次呈现负增长。市场供需基本平衡。建筑、交通运输、电力等领域电解铝消费均略低于上年。2018～2019 年我国电解铝分结构消费情况如图 2-9 所示。

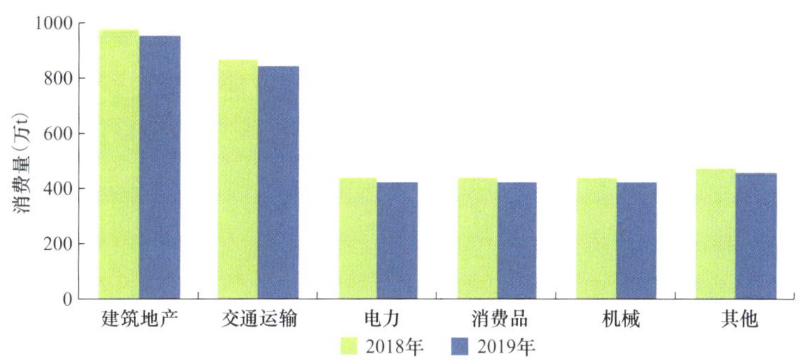

图 2-9　2018～2019 年我国电解铝分结构消费情况

数据来源：百川盈孚

铝价延续弱势震荡走势。2019 年，铝价经历了 5、8 月及年底的三次上涨，但全年平均价格及最高价格仍低于 2018 年，全年整体维持在 13 500～14 600 元/t 区间震荡。长江有色金属市场全年现货均价为 13 930 元/t，同比下降 2.1%。2018 年和 2019 年长江有色市场铝价格走势对比如图 2-10 所示。

图 2-10　2018 年和 2019 年长江有色市场铝价格走势对比

数据来源：万得资讯（Wind）

2.1.3 南方五省区电解铝行业运行情况

2019年底，南方五省区电解铝建成产能接近600万t。电解铝产能分布在广西、云南和贵州三省区。广西、云南、贵州产能分别为230万、216万、143万t，分别排全国第7、8、9位。2019年底南方五省区电解铝产能情况见表2-3。

表2-3　2019年底南方五省区电解铝产能情况

分地区	建成产能（万t）	运行产能（万t）	产能运行率（%）	建成产能占比（%）
广西	230	230	100.0	5.1
云南	216	188	87.0	4.8
贵州	143	117	81.6	3.2
三省区合计	589	535	90.8	13.0

注　广东和海南无电解铝企业。
数据来源：南网能源院搜集整理

南方五省区电解铝产量同比增长23.8%。2019年，南方五省区电解铝产量506万t，同比增长23.8%。其中，广西产量为228万t、云南产量为151万t、贵州产量为128万t，同比分别增长31.1%、14.6%和23.3%。近年来广西、云南、贵州三省电解铝产量及增长情况见表2-4。

表2-4　近年来广西、云南、贵州三省区电解铝产量及增长情况

项目	省份	2015年	2016年	2017年	2018年	2019年
产量（万t）	广西	58	78	120	187	228
	云南	120	128	129	131	151
	贵州	86	87	102	107	128
	南方五省区	263	293	351	425	506
	全国	3141	3187	3227	3580	3504
同比增速（%）	广西	11.7	36.1	53.9	103.0	31.1
	云南	20.0	7.0	0.6	1.7	14.6
	贵州	31.1	1.1	63.5	5.5	23.3
	南方五省区	21.4	11.3	19.8	21.1	23.8
	全国	8.4	1.3	1.6	7.4	−0.9

数据来源：国家统计局、各省统计公报

（一）广西

广西电解铝产能主要分布在百色市。2019 年底，广西电解铝企业有 9 家，电解铝产能为 230 万 t。其中，百色市电解铝产能接近 200 万 t。

百色区域电网供电电价与广西电网公司电价差异较小。百色区域电网二期工程正加快推进，未来百色市将全面推进煤电铝一体化，广西电网也大力推进与区域电网的融合发展。原材料采购方面，广西铝土矿资源丰富，已建成四大氧化铝生产基地，原材料采购优势明显。2019 年底广西电解铝企业产能情况见表 2-5。

表 2-5　2019 年底广西电解铝企业产能情况

城市	公司名称	现有产能（万 t）	备注
百色市	广西翔吉有色金属有限公司	7.5	
	广西信发铝电有限公司	32	
	广西隆林百矿铝业有限公司	20	10 万 t 在建
	广西田林百矿铝业有限公司	10	17.5 万 t 在建
	广西德保百矿铝业有限公司	20	12.5 万 t 在建
	广西百色银海铝业有限公司	45	
	广西华磊材料有限公司	50	
	广西苏源投资有限公司	20	
来宾市	广西来宾银海铝业有限公司	25	

数据来源：南网能源院根据公开资料整理

（二）云南

云南现有电解铝产能超过 200 万 t。2019 年底，云南电解铝产能为 216 万 t，现有产能基本为云铝股份有限公司所有。

电解铝企业用电价格较为低廉，70%的氧化铝需由省外输入。云南水电资源丰富，电价低廉。省内企业生产原料主要从省外输入，推高了原料成本和物流成本。2019 年底云南电解铝企业产能情况见表 2-6。

表2-6　　2019年底云南电解铝企业产能情况

城市	公司名称	现有产能（万t）	备注
昆明	云铝阳宗海铝电解分公司	20	
红河	云铝润鑫铝业有限公司	30	
红河	云铝涌鑫铝业有限公司	30	
曲靖	云铝泽鑫铝业有限公司	40	
曲靖	云铝育鑫铝业有限公司	38	
大理	云铝鹤庆溢鑫铝业有限公司	23	21万t于2020年1月通电
邵通	云铝海鑫铝业有限公司	35	35万t在建

数据来源：南网能源院根据公开资料整理

（三）贵州

2019年，贵州电解铝新增建成产能为12.5万t。2019年底，贵州电解铝产能为143万t。民营企业产能规模相对较小。

电解铝企业用电价格高于广西和云南，氧化铝就地采购。由于电煤价格相对较高，贵州电解铝企业用电成本高于周边省份。原材料采购方面，贵州铝土矿资源丰富，电解铝企业具有一定的原材料采购优势。2019年底贵州电解铝企业产能情况见表2-7。

表2-7　　2019年底贵州电解铝企业产能情况

城市	公司名称	现有产能（万t）	备注
安顺	黄果树铝业有限公司	13.3	
遵义	遵义铝业有限公司	40	
兴仁	兴仁登高铝业有限公司	25	
六盘水	双元铝业有限公司	15	
清镇	华仁新材料有限公司	50	

数据来源：南网能源院根据公开资料整理

2.2　2020～2021 年电解铝行业发展展望

2.2.1　电解铝行业政策及影响

（一）全国行业政策

预计近两年全国电解铝无新增产能指标。2018 年工信部发布的《关于电解铝企业通过兼并重组等方式实施产能置换有关事项的通知》规定，电解铝建设项目均必须实施产能置换，2018 年底前完成置换。受国家铝产能指标政策约束，近两年电解铝无新增产能指标。近期新建或待投项目均为前两年置换项目。

新版《铝行业规范条件》3 月 30 日起施行。2020 年 3 月，工信部发布《铝行业规范条件》，规范条件适用于已建成的铝土矿开采、氧化铝、电解铝、再生铝企业，是促进行业技术进步和规范发展的引导性文件，不具有行政审批的前置性和强制性，2020 年 3 月 30 日起施行。规范条件提出，铝土矿开采、氧化铝、电解铝和再生铝生产须符合国家及地方产业政策、矿产资源规划、环保及节能法律法规和政策、矿业法律法规和政策、安全生产法律法规和政策、行业发展规划等要求。鼓励电解铝企业通过重组实现水电铝、煤电铝或铝电一体化发展。鼓励再生铝企业靠近废铝资源聚集地区布局。

拥有自备电厂的电解铝企业需承担可再生能源消纳责任。燃煤电厂整治方案未发布正式稿，方案未能实施。2020 年 3 月，国家发改委、能源局印发《省级可再生能源电力消纳保障实施方案编制大纲的通知》，明确提出拥有自备电厂的企业，应承担与其用电量相对应的可再生能源消纳量。对拒不履行消纳责任权重义务的拥有自备电厂的企业将研究制订惩戒措施。

三个新环保文件实施对行业影响较大。《中华人民共和国土壤污染防治法》《排污许可管理办法（试行）》《环境影响评价公众参与办法》三个新环保文件

2019 年 1 月起施行，电解铝灰渣被列入“危险名录”、限额排污等对电解铝行业影响较大。2020 年生态环境部将进行全国第二轮第二批中央环保督察。

（二）南方五省区行业政策

广西加快推动铝产业“二次创业”，加快百色生态型铝产业示范基地高质量发展。目前，百色铝产业及配套产业总产值已超过千亿元，铝全产业链基本形成。铝产业发展的战略目标是：到 2020 年，铝加工逐步迈向中高端，精深加工产能占比 50%以上，铝产业总产值实现 2000 亿元；到 2025 年，建成先进铝制造业中心，铝产业总产值实现 3000 亿元。百色市政府计划继续加大电源建设，推动百色区域电网与大电网合作，提升电力保障能力。

云南省着力推动铝全产业链延伸，文山州计划建成千亿级水电铝材一体化基地。云南省全力打造“绿色能源牌”，支持铝产业发展，文山州按照 80%的水电铝就地转化的目标，积极谋划和推进水电铝材一体化产业发展。

云南支持重点企业开展有色金属产品商业收储。2020 年 4 月，云南省政府印发《关于支持实体经济发展的若干措施的通知》，统筹推进新冠肺炎疫情防控和经济社会发展工作，进一步加大对实体经济发展的支持力度，按照“企业收储、银行贷款、财政补贴、市场运作、自负盈亏”的原则，对全省铜、铝、铅、锌等重点有色金属产品进行商业收储，收储总量约为 80 万 t，收储时间为 1 年。收储所需资金由企业以产品质押方式向银行贷款。省级财政安排 10 亿元专项资金，对企业收储给予银行贷款部分贴息。其中，对收储铜、电解铝、铅、锌的企业给予 60%的贴息补助。

贵州省禁止电解铝等行业违规新增产能项目，着力提升铝制品加工能力，延伸和完善铝产业链。2019 年 12 月，贵州省发改委发布《贵州省长江经济带发展负面清单实施细则》（征求意见稿）公开征求意见，禁止电解铝等行业违规新增产能项目。贵州省将加快铝产业“二次创业”，支持具备发展条件的地区和企业延伸产业链、提升附加值，形成上、中、下游产业衔接配套的产业发展新格局。

2.2.2　2020 年以来电解铝行业运行情况

（一）铝价走势

2020 年上半年，铝价先降后升，新冠肺炎疫情致使铝价跌至成本线以下并持续 2 个多月。新冠肺炎疫情导致全球经济衰退，资本市场遭受重创，有色金属价格剧烈波动。春节过后，铝价持续下跌，由年初的 14 500 元/t 跌至最低 11 200 元/t，为 2016 年 4 月以来最低值，4 月第 1 周铝价止跌回升，5 月中旬铝价回升至 13 000 点的重要关口，目前已回升至成本线以上。7 月底，长江有色金属市场铝锭价格为 14 800 元/t，比 4 月初上涨 31.5%，同比上涨 6.6%。2020 年以来长江有色市场铝锭价格走势与上年对比如图 2-11 所示。

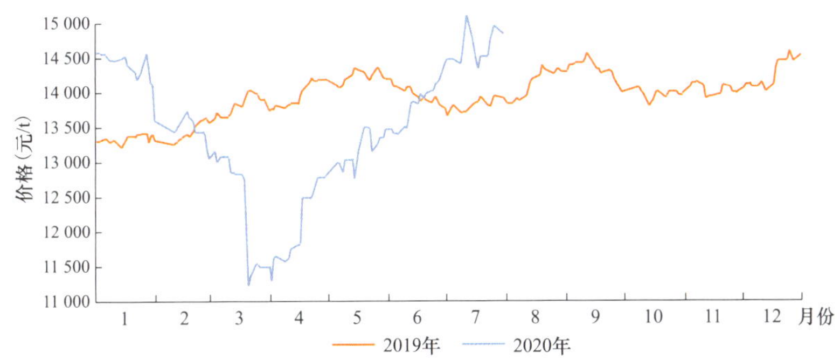

图 2-11　2020 年以来长江有色市场铝锭价格走势与上年对比

数据来源：万得资讯（Wind）

（二）行业生产情况

电解铝生产受新冠肺炎疫情影响相对较小。国内电解铝产量仍有所增长。根据中国有色金属工业协会统计，1～5 月，电解铝产量为 1481 万 t，同比增长 2.1%；1～6 月，电解铝产量同比增长 1.7%。2020 年以来电解铝每月产量与上年对比如图 2-12 所示。

2020 年上半年电解铝产能增长不及预期。2020 年初至 5 月底，国内电解铝产能净增长低于 10 万 t，低于近三年同期水平，产能利用率为 86.3%。根据百

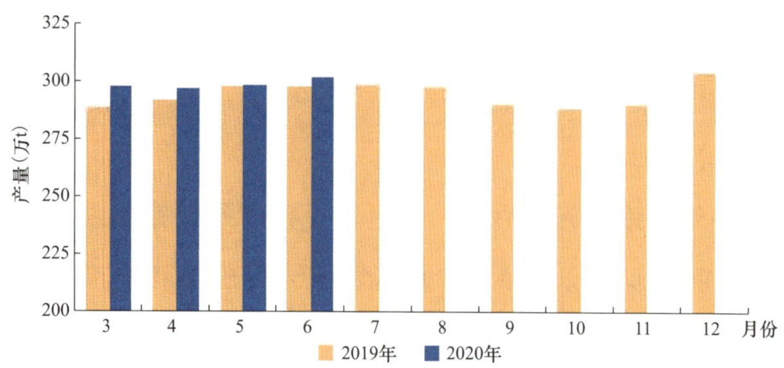

图2-12　2020年以来电解铝每月产量与上年对比

数据来源：万得资讯（Wind）

川盈孚统计，截至6月底，国内电解铝运行产能约3670万t。

（三）主要用铝行业的需求情况

房地产行业低迷，对铝的需求逐年萎缩。电解铝在建筑领域主要用在铝门窗、建筑幕墙及装饰等，主要与房地产竣工高度相关。全国房地产竣工面积自2015年以来连续四年负增长：2015年同比下降6.9%、2017年下降4.4%、2018年下降7.8%、2019年下降5%，2020年1～5月房屋竣工面积下降11.3%。在房地产竣工面积负增长的年份，铝价走势总体偏弱。2015年以来全国房屋竣工面积、销售面积累计同比增速如图2-13所示。

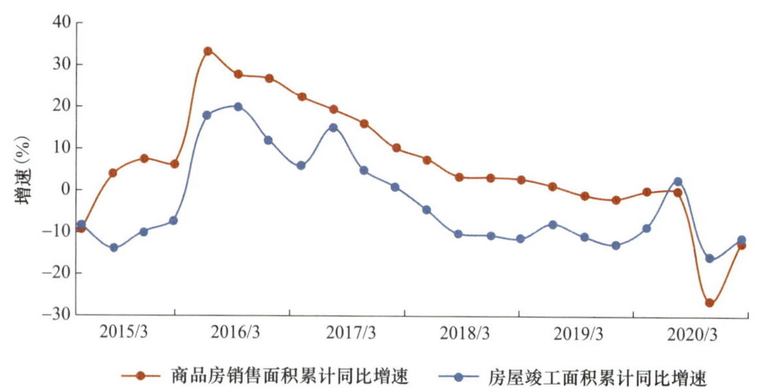

图2-13　2015年以来全国房屋竣工面积、销售面积累计同比增速

数据来源：万得资讯（Wind）

汽车行业铝消费受影响较大，未来增长不确定性较大。受新冠肺炎疫情影响，欧美零部件及汽车企业停产、运输中断，直接影响国内的零部件乃至整车企业。据中国汽车工业协会发布的数据显示，一季度，国内汽车产量同比下降 45.2%。4 月，汽车行业产销回暖，5 月，产量以两位数的速度增长。1～5 月，汽车产量同比下降 24.1%。预计全年汽车销量将同比下降 10%～20%。从后市来看，汽车工业的发展需要全球经济的复苏作为支撑，伴随国际新冠肺炎疫情的不确定性，汽车市场的增长仍存在较大不确定性。车用铝材市场有待于消费端需求的提升。2015 年以来全国汽车产量累计同比增速如图 2 - 14 所示。

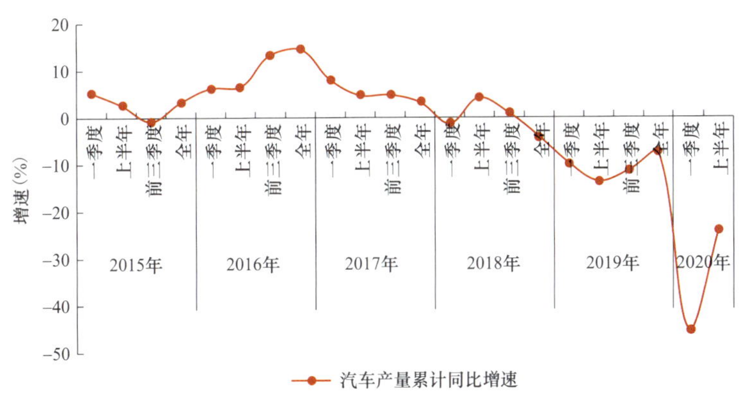

图 2 - 14　2015 年以来全国汽车产量累计同比增速

数据来源：万得资讯（Wind）

高铁、城市轨道交通投资建设力度加大将对铝消费形成一定的支撑。铝在其他交通运输领域的应用主要包括飞机客货运输、火车客货运输、高铁、地铁、船舶客货运等。铝材是实现交通运输轻量化、高速化和现代化的理想材料。近年来，我国高速铁路网逐渐完善，高速铁路营业里程逐年走高，2019 年高速铁路营业里程达到 3.5 万 km，同比增速超 20%。“十四五”期间，预计我国高速铁路建设将保持较高强度。截至 2020 年 6 月 10 日，国家发改委共批复多个城市轨道交通重大项目，新批复项目投资总额达 2306 亿元。2020 年下半年轨道交通建设将继续加快建设速度，更多线路将开工建设。2010 年以来全国高速铁路累计里程及同比增速如图 2-15 所示。

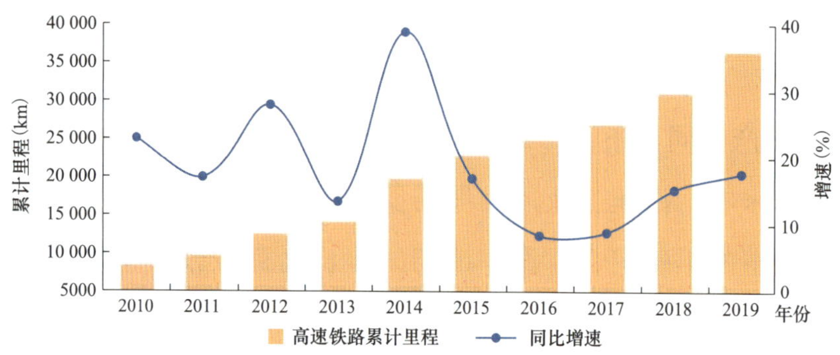

图 2-15　2010 年以来全国高速铁路累计里程及同比增速

数据来源：万得资讯（Wind）

海外终端需求的萎缩将对我国铝产品出口造成影响。海关数据显示，1～2 月、1～3 月、1～4 月、1～5 月我国未锻轧铝及铝材累计出口同比分别减少 25.2%、17.5%、15.9%、18.6%。Mymetal 网站预测，2020 年海外铝需求同比下滑 4%～5%。

2.2.3　全国电解铝供需形势预测

新冠肺炎疫情前，安泰科预测 2020 年我国电解铝市场将再度过剩，但过剩量可控。2020 年我国新增电解铝产能 170 万 t，其中云南省的新增产能占到一半以上。产能置换即将进入尾声，预计我国电解铝产能上限在 4500 万 t/年左右。消费方面，2020 年是“十三五”规划的收官年，经济稳增长依然是硬要求，铝材出口虽然受到贸易摩擦影响，但海外存在缺口，因此，出口量不具备大降条件。

新冠肺炎疫情导致国内原铝需求端受到明显抑制。宏观方面，国内宏观政策调控仍需进一步全面推动落地。在消费方面，二季度以来，国内电解铝表观消费表现超预期，在一定程度上对电解铝需求起到支撑。考虑到供应增速偏

低，预计市场价格将相对稳定。根据 Mymetal 网站的预测，我国 2020 年铝需求同比下滑 2%左右。

电解铝产量将保持相对平稳。智研咨询发布的《2020～2026 年中国片式铝电解电容器行业市场深度评估及投资风险研究报告》预计 2020 年国内电解铝产量同比增长 0.5%。

2.2.4　南方五省区电解铝产量预测

受异地置换项目投产带动，南方五省区电解铝产能将保持较快速度增长。项目建设方面，2020 年云南省在建项目较多，广西和贵州新增项目有限。产能投放方面，上半年，在盈利低迷和供给过剩双重作用下，在建企业普遍减缓产能投放速度，新增产能调整至下半年或明年投产。根据百川盈孚和其他公开资料综合预测，预计 2020 年底，广西、云南、贵州将分别新增产能 35 万、80 万、5 万 t。2020 年南方五省区电解铝新增产能情况见表 2-8。

表 2-8　2020 年南方五省区电解铝新增产能情况　万 t

省区	广西	云南	贵州	合计
全年	35	80	5	120

信息来源：根据百川盈孚及其他公开资料整理后，南网能源院预测值

注　考虑了实际生产的产能，通电但未生产的产能未计入，产能为至 2020 年底前新增产能。

2020～2021 年南方五省区电解铝产量仍将保持快速增长。云南和广西电解铝产量将快速增长，贵州产量增长空间有限。综合考虑盈利水平、新增产能释放情况等因素，预计 2020 年桂滇黔三省区电解铝产量约为 587 万 t，同比增长 16.1%，增速比全国高 15.6 个百分点。其中，广西、云南和贵州产量同比分别增长 13.8%、29.7%、3.1%。2020～2021 年广西、云南、贵州电解铝产量预测见表 2-9。

2015 年以来桂滇黔三省区电解铝产量同比增速如图 2-16 所示。

表 2-9　　2020～2021 年广西、云南、贵州电解铝产量预测

地区	产量（万 t）			同比增速（%）		
	2019 年	2020E	2021E	2019 年	2020E	2021E
广西	228	260	285	31.1	13.8	9.6
云南	151	196	266	14.6	29.7	35.8
贵州	128	132	140	23.3	3.1	6.1
南方五省区	506	587	690	23.8	16.1	17.5

数据来源：2019 年数据为各省区政府统计公报数，2020～2021 年为预测数

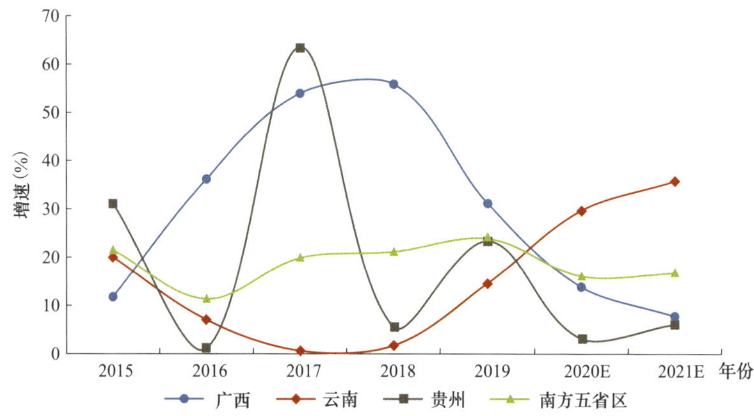

图 2-16　2015 年以来桂滇黔三省区电解铝产量同比增速

数据来源：2019 年数据为各省区政府统计公报数，2020～2021 年为预测数

2.3　南方五省区电解铝行业电力消费

2.3.1　电解铝行业与电力的关系

（一）电解铝行业生产电耗

目前，我国电解铝行业综合交流电耗平均值约为 13 500kWh/t。广西、云南电解铝企业铝液交流电耗为 13 100～13 200kWh/t。近年来我国电解铝行业电耗如图 2-17 所示。

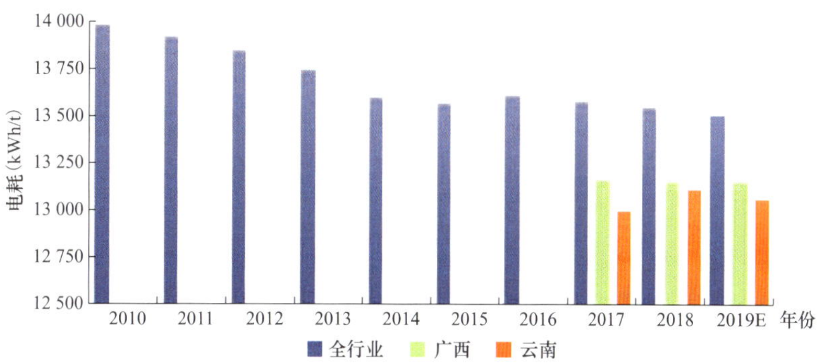

图 2-17 近年来我国电解铝行业电耗

数据来源：中国电力企业联合会、中国能源统计年鉴 2018。全行业为综合电耗，广西和云南为铝液交流电耗

（二）电解铝行业用电价格及电力成本分析

云南电解铝行业电力成本下降。根据有色金属行业协会调研，行业使用自备电的运行产能占比为 75.6%。各省区用电成本不尽相同，新疆、陕西、内蒙古和山东仍然是行业电力成本最有优势的四个省份。2019 年，全国行业加权平均电价约为 0.29 元/kWh，行业生产成本约为 13 300 元/t（含税），电力成本占行业生产成本的比重约为 33%。

桂滇黔范围内，云南电解铝企业电力成本最有优势，得益于水电价格低廉；其次为广西电解铝企业，贵州企业生产压力相对较大。2019 年电解铝行业成本结构测算见表 2-10。2019 年我国各省市电解铝企业加权电价如图 2-18 所示。

表 2-10　2019 年电解铝行业成本结构

分　类	含税价格（元/t）	吨铝成本（元/t）	生产成本占比（%）
氧化铝	2700	5400	36.2
电力	—	3915	32.9
预焙阳极	2500	1250	10.3
氟化铝	10 100	253	1.5
冰晶石	6250	313	2.1
折旧	—	450	3.8

续表

分　类	含税价格（元/t）	吨铝成本（元/t）	生产成本占比（%）
人工	—	500	4.2
期间费用	—	800	6.8
修理费	—	200	1.7
其他	—	74	0.6
合计	—	13 154	100

数据来源：南网能源院根据万得资讯（Wind）、中国产业信息网等公开资料的成本综合测算

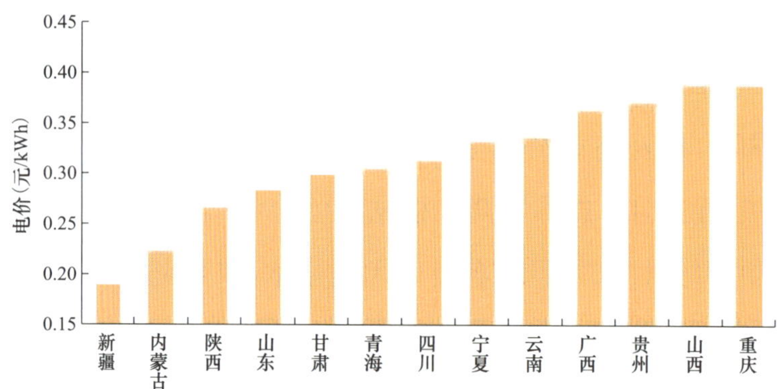

图 2-18　2019 年我国各省市电解铝行业加权电价

数据来源：中国产业信息网

2.3.2　2019 年电解铝行业用电情况

广西电解铝行业用电量快速增长，但增速有所放缓。2019 年，广西电解铝行业用电量为 303 亿 kWh，同比增长 20.2%，增速同比下降 33.7 个百分点。主要原因是广西新增产能投产进入尾声，行业用电量增速与前几年相比有所放缓。

云南电解铝行业用电量增长明显加快。2019 年，云南电解铝行业用电量为 201 亿 kWh，同比增长 13.6%，增速同比提高 12.5 个百分点。2019 年起，云南省内多个电解铝项目陆续投产，行业用电量增长加快。

贵州电解铝行业用电量增长明显加快。2019 年，贵州电解铝行业用电量为

171 亿 kWh，同比增长 17.9%，增速同比提高 13.0 个百分点。主要原因是，省内前两年投产的大型电解铝项目产能持续释放。

南方五省区电解铝行业用电量为 675 亿 kWh，同比增长 17.6%。 2019 年，南方五省区电解铝行业用电为 675 亿 kWh，同比增长 17.6%，增速同比下降 2.7 个百分点。2015～2019 年南方五省区电解铝行业用电量见表 2-11。2015 年以来南方五省区电解铝行业用电量同比增速如图 2-19 所示。

表 2-11　　2015～2019 年全国及南方五省区电解铝行业用电量

项目	分地区	2015 年	2016 年	2017 年	2018 年	2019 年
用电量（亿 kWh）	广西	78.1	107	164	252	303
	云南	163	175	176	177	201
	贵州	116	118	138	145	171
	南方五省区	357	399	477	574	675
同比增速（%）	广西	11.4	36.5	53.6	53.9	20.2
	云南	19.7	7.3	0.4	1.1	13.6
	贵州	30.8	1.4	17.6	4.9	17.9
	南方五省区	21.1	11.8	19.7	20.3	17.6

数据来源：南网能源院根据政府公布的产量测算

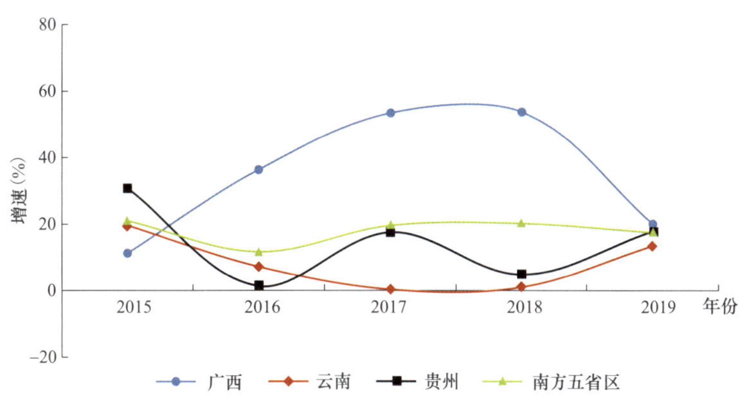

图 2-19　2015 年以来南方五省区电解铝行业用电量同比增速

数据来源：南网能源院测算

2.3.3 2020～2021年电解铝行业用电预测

新投产项目有分段投产特性，项目投运至达产耗时1～2年。观察近年来部分新投产项目的用电曲线可以发现，项目投产至达产历时11～21个月不等。南方五省区近年来新投产的电解铝企业投产至满产期间用电特征如图2-20所示。

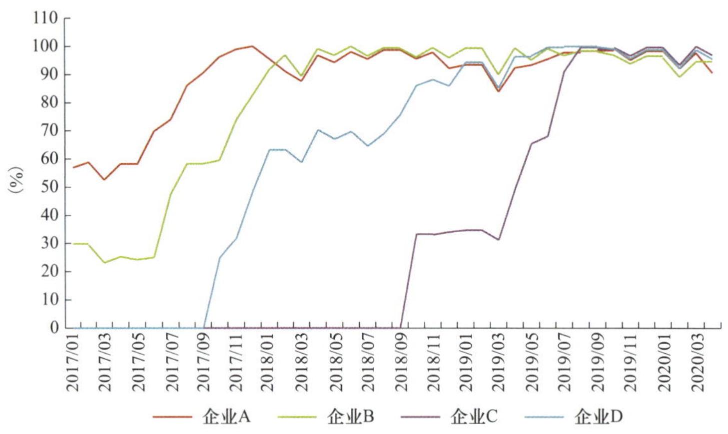

图2-20 南方五省区近年来新投产的电解铝企业投产至满产期间用电特征

达产后企业每月用电相对稳定，不同年份用电量差异主要与产品价格走势有一定关联。南方五省区达产电解铝企业月度用电特征曲线如图2-21所示。

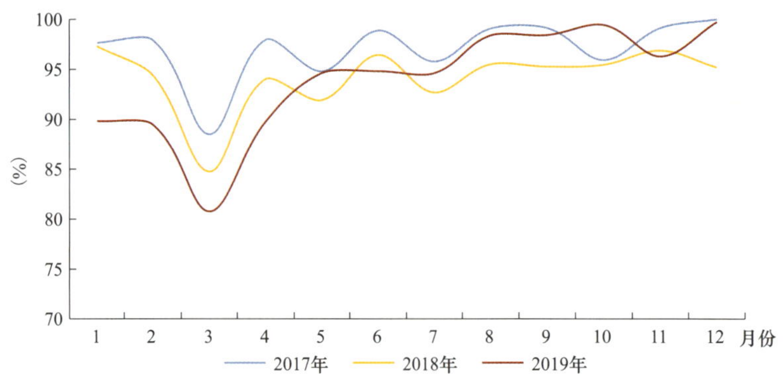

图2-21 南方五省区达产电解铝企业月度用电特征曲线

注：考虑到用户数据保密的需要，此处进行了归一化处理。图中每月数值为月度实际用电量与月度最大用电量的比值。

根据 2.2.4 节电解铝产量预测结果，应用电耗法进行行业用电量预测，结果如下：2020 年，南方五省区电解铝行业用电量约为 781 亿 kWh，同比增长 15.8%，用电量比 2019 年增加 106 亿 kWh。2021 年，电解铝行业用电量同比增长 17.3%。2020～2021 年南方五省区电解铝行业用电量预测见表 2-12。

表 2-12　　2020～2021 年南方五省区电解铝行业用电量预测

项目	分地区	2018 年	2019 年	2020E	2021E
用电量（亿 kWh）	广西	252	303	345	377
	云南	177	201	261	353
	贵州	145	171	176	186
	南方五省区	574	675	781	916
同比增速（%）	广西	53.9	20.2	13.7	9.4
	云南	1.1	13.6	29.7	35.4
	贵州	4.9	17.9	3.1	5.8
	南方五省区	20.3	17.6	15.8	17.3

第3章

钢 铁 行 业

黑色金属冶炼和压延加工业包括炼铁、炼钢、钢压延加工、铁合金冶炼四个中类行业[1]，其中炼铁、炼钢、钢压延加工三个中类行业在电力工业统计分类中被纳入“钢铁行业”统计范围。南方五省区范围内，钢铁行业用电量占黑色金属冶炼和压延加工业用电量的50%以上，本章针对钢铁行业的现状与发展趋势进行分析、研判。

3.1　2019 年钢铁行业运行情况

3.1.1　全国钢铁行业运行情况

钢铁冶炼方式有长流程和短流程两种典型工艺。

长流程以铁矿石为原料，以焦炭为主要能源，经过高炉炼铁制成铁水（生铁），加入废钢、铁合金等辅料，经过转炉炼钢流程制成粗钢，再经过压延加工流程制成钢材。高炉一转炉是长流程的核心设备。短流程以废钢为原料，以电力为能源，加入铁合金等辅料，经电弧炉熔融制成粗钢，再经过压延加工流程制成钢材。电弧炉是短流程的核心设备。

目前我国长流程、短流程炼钢的产量占钢铁总产量比重分别为 90.7%和 9.3%。钢铁产业链如附录图 B 所示。

全国粗钢产量再创历史新高[2]，增速同比加快。2019 年，全国生铁、粗钢、钢材产量分别为 8.09 亿、9.96 亿、12.05 亿 t，同比分别增长 5.3%、8.3%、9.8%，同比分别加快 2.3、1.7、1.3 个百分点。2010 年以来钢铁产品产量及同比增速如图 3-1 所示。2019 年全国和主要省份钢铁产品生产情况见表 3-1。

---

[1] 参见《国民经济行业分类》(GB/T 4754—2017)。

[2] 近年来，随着废钢使用比例提高，我国生铁与粗钢的生产比例（铁钢比）呈逐年下降趋势，2018 年降至 0.83 左右。降低铁钢比可降低吨钢能耗。此外，由于钢材生产存在重复统计现象，导致钢材产量远高于粗钢产量。故一般用粗钢产量来评估行业生产情况，根据综合成材率计算实际钢材产量。

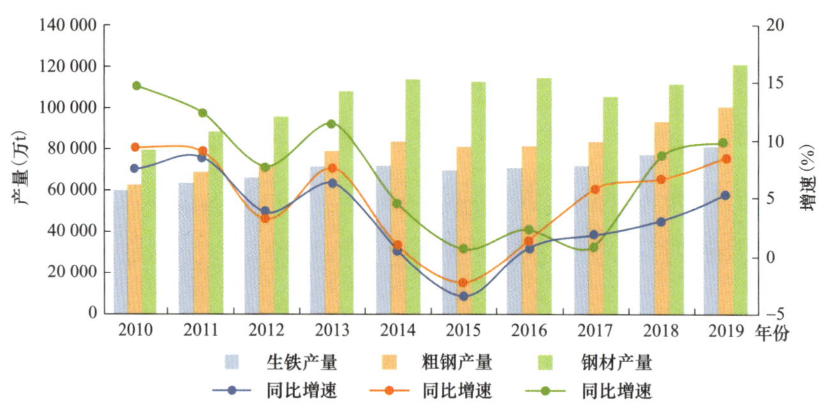

图 3-1　2010 年以来钢铁产品产量及同比增速

注：2017 年因清理地条钢产能，国家统计局对钢材产量统计口径进行调整。

数据来源：国家统计局

表 3-1　2019 年全国和主要省份钢铁产品生产情况

地区	生铁			粗钢			钢材		
	产量（万 t）	同比增速（%）	比重（%）	产量（万 t）	同比增速（%）	比重（%）	产量（万 t）	同比增速（%）	比重（%）
全国	80 937	5.3	100.0	99 634	8.3	100.0	120 477	9.8	100.0
河北	21 774	1.8	26.9	24 158	1.8	24.2	28 410	5.6	23.6
江苏	7348	8.1	9.1	12 017	15.3	12.1	14 211	17.0	11.8
山东	5770	-10.6	7.1	6357	-11.4	6.4	9289	-1.5	7.7
辽宁	6856	8.3	8.5	7362	7.1	7.4	7254	5.2	6.0
山西	5557	16.7	6.9	6039	12.1	6.1	5594	14.1	4.6

数据来源：国家统计局

高炉开工率略低于 2018 年同期，电炉开工率较为稳定。2019 年下半年，受市场预期悲观、天气不利于施工等因素影响，钢材消费进入淡季，钢价下跌明显，陕、晋、甘、川地区部分钢厂主动减产。其中，600 万 t 规模以下高炉炉组减产较为明显。2018 年以来全国高炉与电炉开工率如图 3-2 所示。

钢材终端需求情况良好。钢铁行业的终端需求来自建筑、机械、汽车、能源、船舶、家电等行业。建筑业（房地产和基建）钢材需求总量占比超过

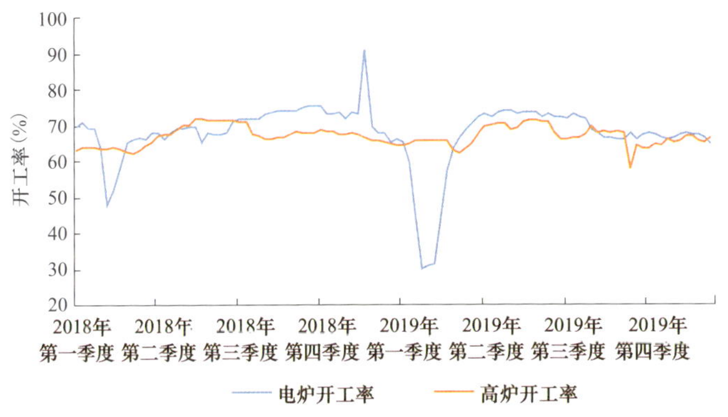

图3-2 2018年以来全国高炉与电炉开工率

52%，位居首位，其次为机械、汽车等。**房地产业方面，**2019年，房屋新开工面积、施工面积和竣工面积同比分别增长8.5%、8.7%、2.6%，房屋施工、竣工累计增速同比分别提高3.5、10.4个百分点，形成对钢材需求重要支撑。**基建方面，**受地方政府专项债发行拉动，2019年基础设施建设投资弱反弹，全年基础设施建设投资（不含电力）同比增长3.8%。**制造业方面，**2019年，制造业固定资产投资完成额累计同比增长3.1%，同比下降6.4个百分点，热轧产品需求较为疲弱。**汽车产业方面，**2019年，我国汽车产量同比下降7.5%，耗钢量持续下滑。2019年各行业钢材消费占比如图3-3所示。

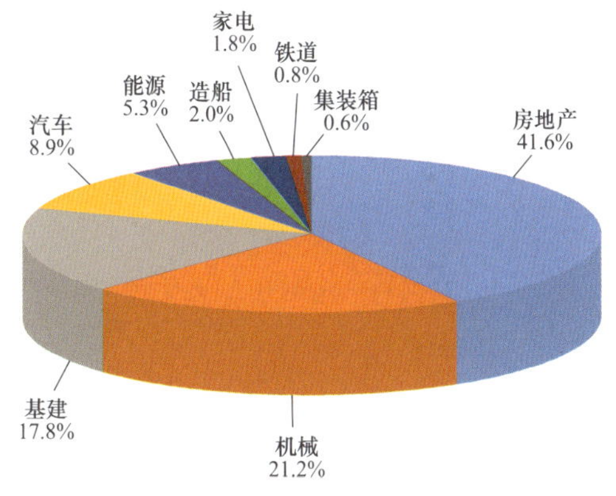

图3-3 2019年各行业钢材消费占比

数据来源：同花顺金融

钢材进出口量双双下滑。2019年，我国累计出口钢材6429万t，同比下降

7.3%，连续第四年下降；进口钢材1230万t，同比下降6.6%。2010年以来我国钢材进出口量及同比增速如图3-4所示。

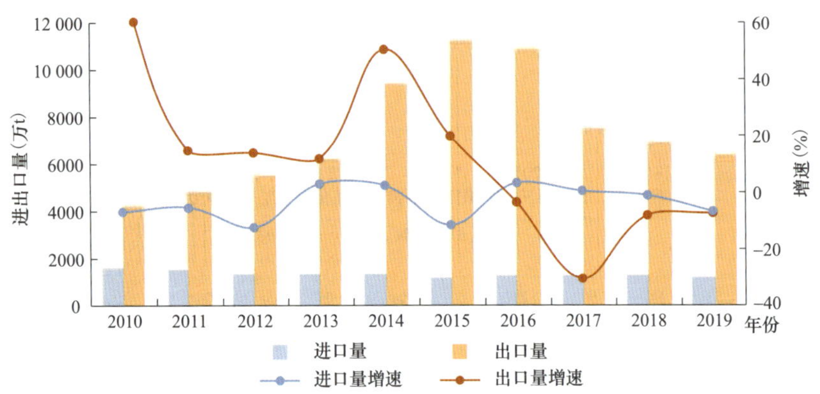

图3-4　2010年以来我国钢材进出口量及同比增速

数据来源：海关总署

行业利润大幅回落。2019年，成本端铁矿石等原燃材料价格高于2018年平均水平。消费端受到钢铁产量增长加快影响，钢材价格呈窄幅波动下行走势。与2018年相比，2019年各类钢材价格总体偏低。受成本端及消费端的双重挤压，钢铁行业利润空间大幅下降，钢铁企业经济效益大幅回落。2019年，钢铁工业协会会员钢铁企业实现利润1890亿元，同比下降30.9%。2010年以来钢铁工业协会会员钢铁企业利润总额及同比增速如图3-5所示。

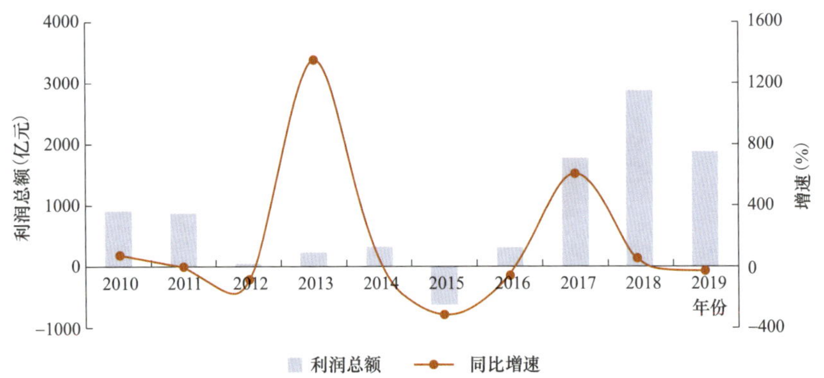

图3-5　2010年以来钢铁工业协会会员钢铁企业利润总额及同比增速

数据来源：中国钢铁工业协会

3.1.2 南方五省区钢铁行业运行情况

南方五省区范围内，广东、广西、云南是钢铁主产区，贵州钢铁产量较少，海南省钢铁产能基本全部退出。

南方五省区钢铁行业产量增速高于全国平均水平。2019 年，南方五省区生铁、粗钢、钢材产量分别为 5691 万、8489 万、10 888 万 t，同比分别增长 5.8%、13.4%、12.0%，占全国产量的比重分别为 7.0%、8.5%、9.0%。2019 年南方五省区主要钢铁产品产量及同比增速见表 3 - 2。

表 3 - 2　2019 年南方五省区主要钢铁产品产量及同比增速

地区	生铁			粗钢			钢材		
	产量（万 t）	同比增速（%）	比重（%）	产量（万 t）	同比增速（%）	比重（%）	产量（万 t）	同比增速（%）	比重（%）
广东	2086	3.5	2.6	3229	12.1	3.2	4510	4.0	3.7
广西	1466	1.3	1.8	2663	17.7	2.7	3347	15.8	2.8
云南	1788	13.7	2.2	2155	11.9	2.2	2323	19.7	1.9
贵州	351	2.7	0.4	442	5.7	0.4	708	27.7	0.6
合计	5691	5.8	7.0	8489	13.4	8.5	10 888	12.0	9.0

数据来源：国家统计局，中经网整理

广东钢铁行业体量较大，2019 年，生铁、粗钢及钢材产量在全国产钢省份中分别位列第 12、8、8 位。

广西粗钢、钢材产量增长较快，2019 年，粗钢和钢材产量增速在全国产钢省份中分别居第 5 位和第 9 位。

云南生铁、钢材产量增长较快，2019 年，生铁、钢材产量增速在全国产钢省份中均居第 6 位。

贵州省钢材产量增长较快，2019 年，增速在全国产钢省份中位列第 4 位。

2010 年以来广东、广西、云南和贵州钢铁行业产品产量及同比增速分别如图 3 - 6～图 3 - 9 所示。

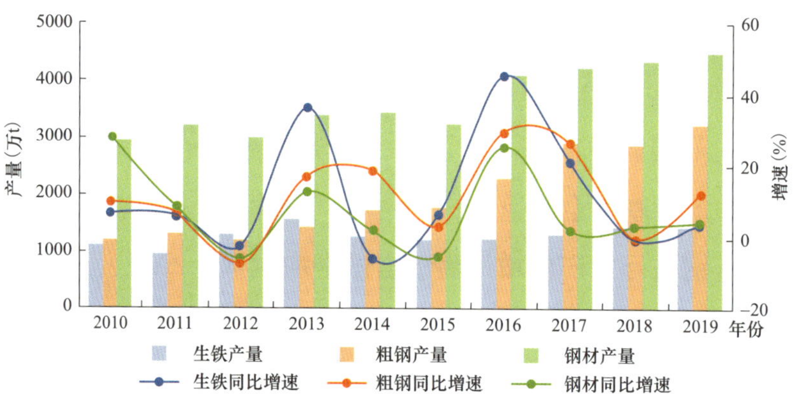

图 3-6　2010 年以来广东钢铁产品产量及同比增速

数据来源：国家统计局

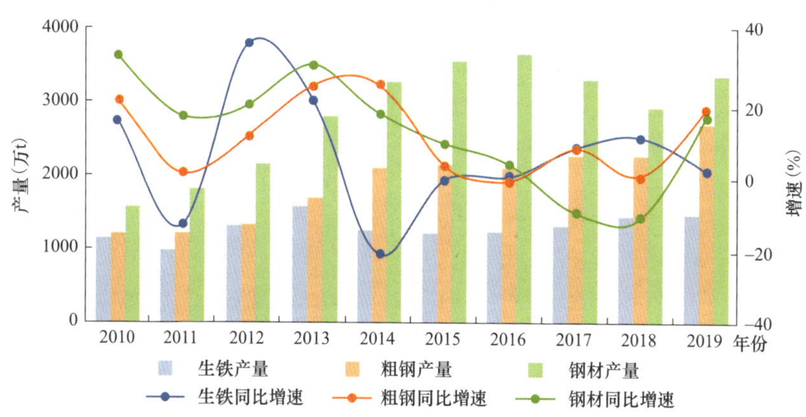

图 3-7　2010 年以来广西钢铁产品产量及同比增速

数据来源：国家统计局

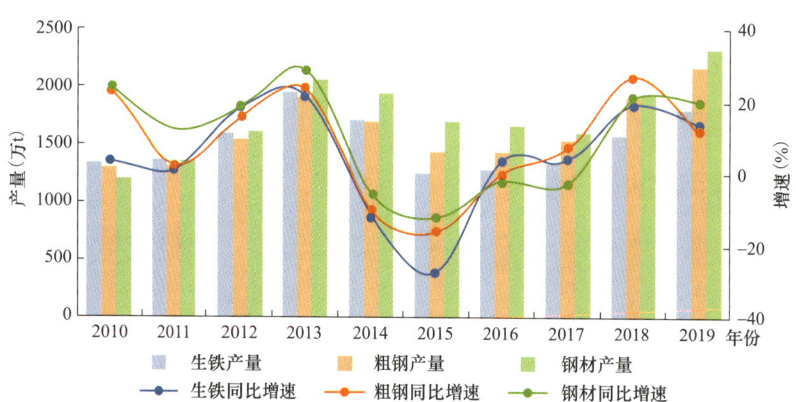

图 3-8　2010 年以来云南钢铁产品产量及同比增速

数据来源：国家统计局

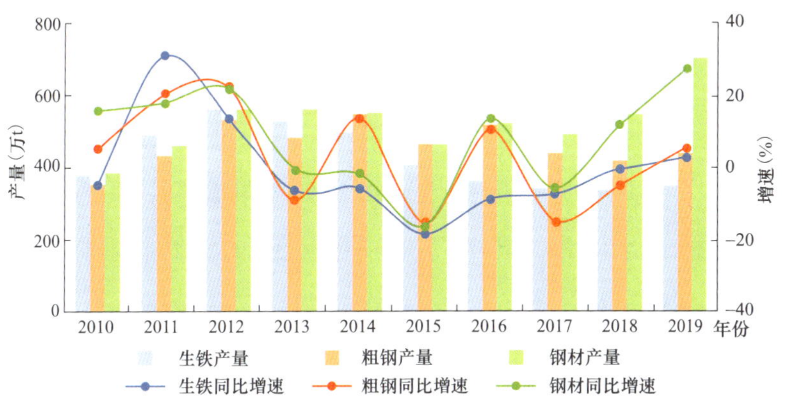

图 3-9　2010 年以来贵州钢铁产品产量及同比增速

数据来源：国家统计局

3.2　2020～2021 年钢铁行业发展展望

3.2.1　钢铁行业政策及影响

（一）全国行业政策

去产能收官工作加速推进。2019 年以来，多省市对“地条钢”继续保持高压监管，持续做好违规违法产能核查工作。工信部《产业结构调整指导目录（2019 年本）》中，涉及钢铁鼓励类 13 项；钢铁限制类 21 项；钢铁淘汰类 36 项。要求淘汰 400m³ 及以下炼钢用生铁高炉、30t 及以下炼钢转炉、30t 及以下炼钢电弧炉等小型产能。2020 年 1 月 23 日，工信部发布了《关于完善钢铁产能置换和项目备案工作的通知》，要求各地区自 2020 年 1 月 24 日起，不得再公示、公告新的钢铁产能置换方案，不得再备案新的钢铁项目。此举目的是叫停钢铁产能置换中不规范操作，防止钢铁产能不降反升。6 月 19 日，国家发展改革委、工信部等部门下发《关于做好 2020 年重点领域化解过剩产能工作的通知》，要求尚未完成“十三五”去产能目标的地区和中央企业，确保去产能任务在 2020 年底前全面完成，下半年“十三五”去产能任务收官工作将加速推进。

积极推进钢铁行业重组转型，扩大超低排放改造规模。2019 年 5 月，《关于 2019 年国民经济和社会发展计划执行情况与 2020 年国民经济和社会发展计划草案的报告》中提出，要积极推进钢铁企业“推重组、促转型”，扩大行业超低排放改造规模。预计到 2020 年底前，重点区域钢铁企业 60%的产能能完成超低排放改造目标。2020 年，多个城市将着力推进钢铁整合，钢铁行业产能集中度提升加速。

采暖季高炉企业生产受限。2019 年 9 月，生态环境部印发《关于京津冀及周边地区 2019～2020 年秋冬季大气污染综合治理攻坚行动方案》，方案决定，从 2019 年 10 月 1 日～2020 年 3 月 31 日开展为期 6 个月的环保专项整治工作。整治行动主要涉及北京、天津及河北、山西和山东省内多个城市，简称“2+26”城市。方案规定，相关城市钢铁行业需实施部分错峰生产，其中重点城市采暖季钢铁产能限产 50%，其他城市限产比例不得低于 30%。目前，“2+26”城市已实施的采暖季停限产政策是基于高炉产能进行核算的，因此，区域内高炉企业受影响较大，而全废钢电弧炉企业几乎不受限产影响。

（二）南方五省区行业政策

广东将加快培育高质量钢铁产业。根据《广东省培育钢铁等先进材料产业集群行动计划（2021～2025 年）》，广东省将着力建设三大钢铁集群，大力发展绿色钢铁、优特钢等高质量钢铁产业。其中，韶关绿色钢铁集群将建设绿色钢铁产业链；湛江绿色钢铁集群将形成千万吨钢材生产能力和百万吨级超高强钢生产能力；云浮优特钢产业集群建设云浮钢铁基地，重点发展优特钢产业。

广西钢铁产业集群快速发展。广西境内一批超级钢铁项目正密集落地。河北津西、九江线材先后将重大钢铁项目落户广西防城港市、梧州市，两大项目年产能均超千万吨。据不完全统计，2019 年，广西钢铁年产量约 4000 万 t。若规划如期落地，到 2021 年，广西每年钢产能预计在目前基础上至少增加 6730 万 t。

云南严控钢铁行业产能，逐步汰换排放超标产能。根据《云南省打赢蓝天保卫战三年行动实施方案》，云南省加快城市建成区重污染企业搬迁改造或关闭退出，重点推动实施昆明、曲靖、红河、普洱、德宏等 5 个州、市政府所在地城市建成区及周边钢铁等重污染企业搬迁改造或关闭退出。同时，严格执行钢铁等行业产能置换实施办法，严防“地条钢”死灰复燃并对现存钢铁行业产能启动超低排放改造工作。

贵州调整优化产品结构，提升钢铁产品质量及档次。贵州省稳步推进钢铁产业兼并重组、淘汰落后产能及搬迁改造，重点建设贵钢新特材料循环经济工业基地和遵义高性能钢绞线生产基地，支持企业加快研发生产新品种；重点发展先进结构材料，构建“研发—中试—成果转化—产业化”创新链，推进高性能汽车用钢制备技术研发及产业化应用。

3.2.2　2020 年以来钢铁行业运行情况

（一）行业产品价格

钢材价格持续走低，行业利润维持低位。2020 年 1～4 月，钢材现货价格持续走低，钢铁毛利维持低位，2 月，部分钢铁产品毛利降至 0 以下。2020 年以来螺纹钢现货价格走势与 2019 年对比如图 3-10 所示。

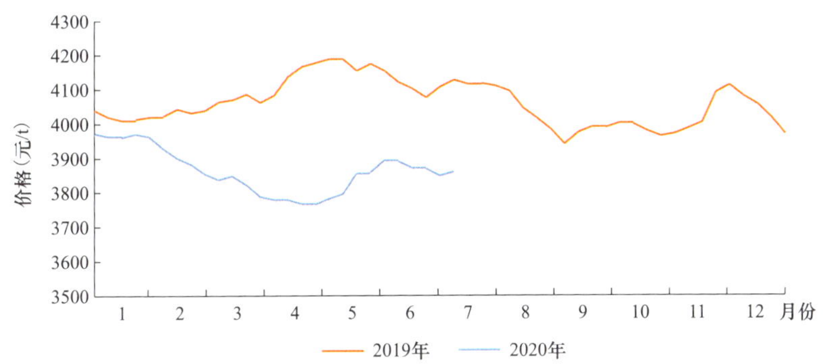

图 3-10　2020 年以来螺纹钢现货价格走势与 2019 年对比

数据来源：万得资讯（Wind）

（二）行业生产情况

钢铁行业生产受新冠肺炎疫情影响相对较小。钢铁行业受新冠肺炎疫情的影响主要集中在2～3月，新冠肺炎疫情期间短流程企业开工率有所下降，而长流程企业受工艺影响大部分依然处于连续生产状态。1～3月，全国钢材产量同比下降1.6%，生铁、粗钢产量均高于2019年同期，同比分别增长2.4%、1.2%。4月，复工复产后钢铁产业开工率迅速回升。4月，全国粗钢产量同比增长0.20%、生铁产量同比下降1.20%、钢材产量同比增长3.60%。5月底高炉产能利用率达到91.4%，已是近五年同期最高水平。新冠肺炎疫情以来粗钢生产量走势与2019年对比如图3-11所示。

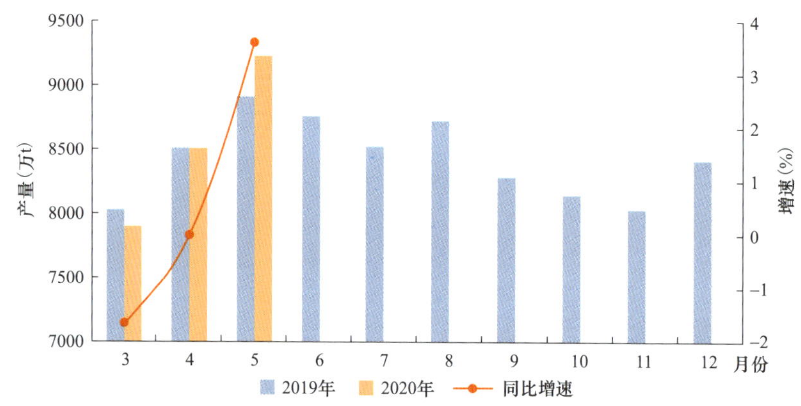

图3-11　新冠肺炎疫情以来粗钢生产量走势与2019年对比

数据来源：国家统计局

（三）行业消费及进出口情况

国内下游行业钢材需求受新冠肺炎疫情冲击较大。1～4月，在新冠肺炎疫情影响下，钢铁行业整体呈现供大于求态势。全国实施停工停产阶段，钢材实际需求停滞，基本处于有价无市状态。随着国内新冠肺炎疫情得到有效控制，叠加两会召开等多重利好，下游行业景气度有所提升，钢材需求释放。4月，钢材表观消费同比增长5.9%。其中，汽车产销量同比分别增长2.3%和4.4%，销量在连续21个月下降后首次转为正增长；家电市场零售额同比下降

5.3%；造船同比和环比均改善；工程机械同比大幅增长，国内 25 家挖掘机制造企业挖掘机销售量同比增长 59.9%，时隔 13 个月重回 50%以上。新冠肺炎疫情以来钢材表观消费量走势与 2019 年对比如图 3-12 所示。

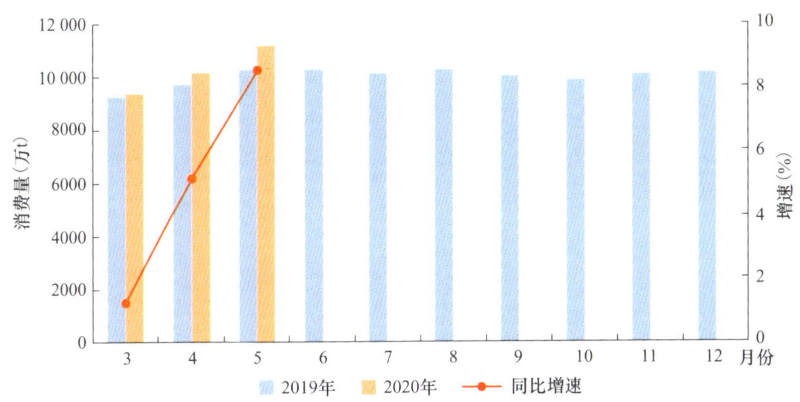

图 3-12　新冠肺炎疫情以来钢材表观消费量走势与 2019 年对比

数据来源：国家统计局

进出口方面，钢材出口持续下降，进口增长。受海外新冠肺炎疫情持续影响，钢铁需求持续锐减，钢材出口订单量大幅减少。另外，由于国内钢材价格高出国际市场，5 月下游用钢行业复工率稳步增加，市场需求增长，5 月，钢材进口量同比增长 30%。新冠肺炎疫情以来钢材累计出口量、进口量走势与 2019 年对比分别如图 3-13 和图 3-14 所示。

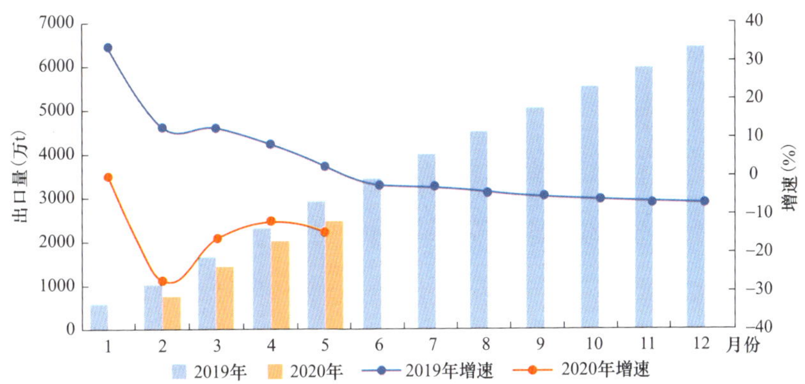

图 3-13　新冠肺炎疫情以来钢材累计出口量走势与 2019 年对比

数据来源：海关总署

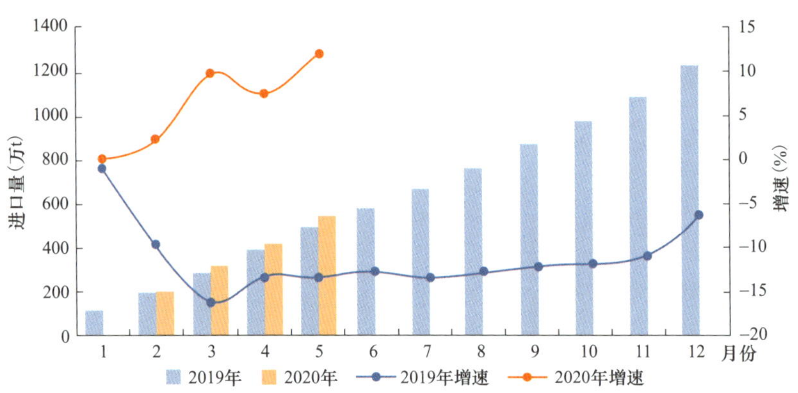

图 3-14　新冠肺炎疫情以来钢材累计进口量走势与 2019 年对比

数据来源：海关总署

3.2.3　全国钢铁行业供需形势预测

国内钢材需求总量下降，可能出现产能过剩局面。得益于近年来供给侧改革红利释放，粗钢产能快速增长。尽管工信部要求在新的产能置换方案出台前，不得再公示、公告新的产能置换方案，但 2020 年置换产能投产规模仍将达到 8000 万 t；随着未来一段时间内经济增速逐步放缓，钢材消费预计将有所下降，行业存在产能过剩风险，供给面临较大压力。

从机械行业来看，2020 年初受新冠肺炎疫情影响，行业钢铁需求出现下滑，但随着国家推进创新发展和产业升级、加快重点领域国产自主化产品替代等政策的实施，机械行业钢铁需求有望平稳增长。**从汽车行业来看**，受新冠肺炎疫情影响，居民出行受到较多限制，1～5 月国内汽车产量同比减少 23.6%，预计全年汽车行业钢材需求量有所下滑。**从造船行业来看**，国外新冠肺炎疫情形势较为严峻，行业新接订单下降，预计造船行业钢材需求量将有所下降。**从家电行业来看**，受政策拉动，我国主要家电产品产量保持平稳增长，家电行业钢材需求稳步上升。2021 年，基础设施建设将加大补短板力度，铁路、公路、轨道交通建设继续保持较大规模，基建投资增速回升。建

筑、汽车、造船业钢材消费均将有所恢复。2020～2021 年主要下游行业钢材需求预测见表 3 - 3。

表 3 - 3　　2020～2021 年主要下游行业钢材需求预测

行业	2019 年		2020 年 E		2021 年 E	
	消费量（万 t）	同比增速（%）	消费量（万 t）	同比增速（%）	消费量（万 t）	同比增速（%）
建筑	48 600	8.0	49 329	1.5	51 086	3.6
机械	14 500	3.0	14 718	1.5	15 150	2.9
汽车	5200	－4.9	5070	－2.5	5222	3.0
造船	1600	3.2	1500	－6.3	1515	1.0
家电	1360	4.6	1394	2.5	1443	3.5

钢材消费结构日趋多元化、高端化。未来钢铁产品要迎合国家战略需求，满足我国制造业高端化、新型工业化、城镇化建设及创新性战略化发展的需要，为我国参与全球新一轮产业变革与竞争提供支撑。

减量置换是钢铁行业发展趋势。长期来看，减量化依旧是我国钢铁行业的发展趋势。2019 年 9 月，国务院开展的淘汰落后和化解过剩产能督导检查工作情况显示，我国钢铁企业产能利用率超过 100%的现象比较普遍，部分企业高达 150%，甚至是 170%以上，行业超产严重。钢铁行业严控新增产能的压力仍然较大。钢铁行业供给侧结构性改革已步入深水区，且经济面临较大下行压力，如何在保供给侧改革成果和保经济增长之间取得平衡，将成为影响 2020 年钢铁行业运行发展的关键问题。

根据各省市公布的产能置换方案，2020 年，全国共约有 1.11 亿 t 粗钢产能置入，其中长流程产能 7814 万 t，是近五年最高水平。上半年置入 1891 万 t，下半年置入 9256 万 t，对供给形成较大压力。

3.2.4　南方五省区钢铁产量预测

南方五省区钢铁行业新增项目以产能转型升级为主，区域外产能转入广西

和云南较多。2020年，广东重点建设项目中，涉及钢铁项目7项，其中续建项目2项，新开工项目2项。新开工项目包括年产92万t电炉短流程优特钢及400万t精品钢项目。广西第一批重大项目中，涉及钢铁项目4项，其中续建项目1项，竣工投产项目2项。其中，柳州钢铁集团镍铁项目预计11月竣工投产。云南省重大复工项目中，与钢铁相关项目共4项，均为产能技术转型升级项目。

南方五省区钢铁产量增幅高于全国水平。预计2020～2021年，南方五省区粗钢产量同比增长10%左右。其中，6月云南敬业钢厂（原云南永昌钢铁）于2020年6月试扎成功，设计铁水产能232万t/年、钢坯170万t/年、钢材170万t/年。广西柳钢防城港钢铁基地项目（一期）于2020年6月投产，建设规模年产钢920万t；贵钢集团150万t钢坯的电炉本年内达产。2020～2021年全国及南方五省区粗钢产量预测见表3-4。2015年以来南方五省区粗钢产量同比增速如图3-15所示。

表3-4　　2020～2021年南方五省区粗钢产量预测

项目	地区	2019年	2020E	2021E
产量（万t）	广东	3229	3487	3801
	广西	2663	3040	3496
	云南	2155	2284	2444
	贵州	442	456	474
	南方五省区	8489	9267	10 215
同比增速（%）	广东	12.1	8.0	9.0
	广西	17.7	14.2	15.0
	云南	11.9	6.0	7.0
	贵州	5.7	3.0	4.0
	南方五省区	13.4	9.2	10.2

数据来源：国家统计局

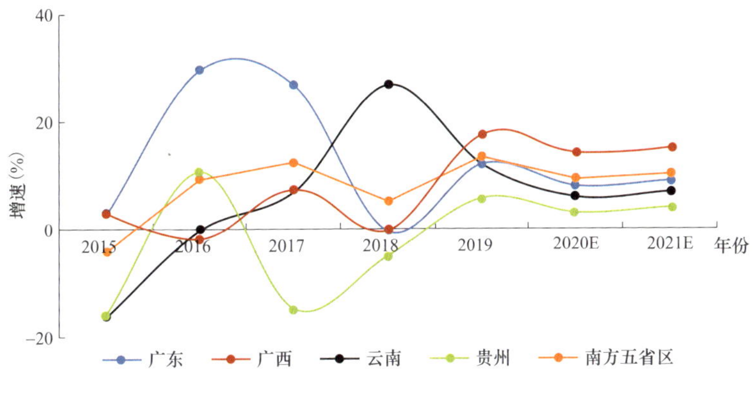

图 3-15 2015 年以来南方五省区粗钢产量同比增速

3.3 南方五省区钢铁行业电力消费

3.3.1 钢铁行业与电力的关系

钢铁行业单位产品电耗不高，电力成本占钢铁行业生产成本的比重较小。 生产电耗方面，钢铁行业产品多样和工艺复杂，不同企业、不同产品的生产电耗存在较大差异。2019 年，五省区各省钢企电耗在 340～460kWh/t 之间。电力成本方面，钢铁行业成本主要来自购买含铁原料及燃料产生的支出，电力成本占钢铁生产成本的比重仅在 4%～10%之间，行业的用电量与产品产量直接的关联度不高。从中长期来看，随着电炉炼钢技术快速发展、钢铁行业环保标准逐步提高及废钢成本逐步下降，电炉炼钢工艺将逐步在成本方面占据优势，取代高炉—转炉工艺成为主流炼钢工艺，电能有望成为钢铁冶炼的主要能源。随着技术革新，吨钢电耗呈逐步减少趋势。目前在国际先进水平短流程炼钢工艺下，吨钢电耗已降至 400kWh/t 左右。

3.3.2 2019 年钢铁行业用电情况

南方五省区钢铁行业用电量同比增长 8.5%，广东、广西钢铁行业用电量

快速增长。2019年，南方五省区钢铁行业用电396亿kWh，同比增长8.5%。其中，广东、广西、云南、贵州行业用电量分别为167亿、116亿、90亿、23亿kWh，同比分别增长12.8%、9.4%、1.0%和1.8%。2015～2019年全国及南方五省区钢铁行业用电情况见表3-5。

表3-5　　2015～2019年全国及南方五省区钢铁行业用电情况

项目	地区	2015年	2016年	2017年	2018年	2019年
用电量（亿kWh）	广东	86.1	108	121	148	167
	广西	105	99.4	93.9	106	116
	云南	69.3	66.8	62.6	89.1	90
	贵州	22.8	24.3	23.7	22.6	23
	南方五省区	283	298	301	365	396
同比增速（%）	广东	−4.1	25.0	11.6	22.6	12.8
	广西	−4.1	−5.2	−5.5	12.8	9.4
	云南	−21.8	−3.6	−6.3	42.4	1.0
	贵州	−21.3	6.7	−2.4	−4.7	1.8
	南方五省区	−10.6	5.3	0.9	21.5	8.5

数据来源：中国电力企业联合会，中国钢铁协会

3.3.3　2020～2021年钢铁行业用电预测

南方五省区钢铁行业用电量平稳增长。综合考虑吨钢电耗及各省钢铁生产情况，预计2020年，五省区钢铁行业用电量约为420亿kWh，同比增长6.0%，比2019年增长24亿kWh。其中，广东、广西分别比2019年增长5亿、17亿kWh。

2020～2021年南方五省区钢铁行业用电量预测见表3-6。2015年以来南方五省区钢铁行业用电量同比增速如图3-16所示。

表 3 - 6　　2020～2021 年南方五省区钢铁行业用电量预测

项目	地区	2019 年	2020E	2021E
用电量（亿 kWh）	广东	167	172	187
	广西	116	133	153
	云南	90	91	97
	贵州	23	24	24
	南方五省区	396	420	460
同比增速（%）	广东	12.8	3.0	8.5
	广西	9.4	15.0	14.5
	云南	1.0	1.0	6.5
	贵州	1.8	2.2	2.4
	南方五省区	8.5	6.0	9.6

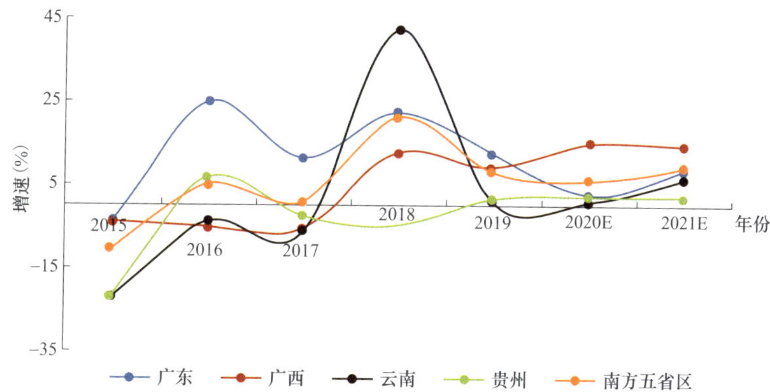

图 3 - 16　2015 年以来南方五省区钢铁行业用电量同比增速

第 4 章

非金属行业

根据《国民经济行业分类》（GB/T 4754—2017），非金属矿物制品业（简称“非金属行业”）包括水泥、石灰和石膏制造，玻璃制造，陶瓷制品制造等行业。其中，水泥制造业（简称“水泥行业”）用电量占比较大，占南方五省区非金属行业用电量的40%左右，本章重点对水泥行业的现状与发展趋势进行分析、研判。

4.1　2019 年非金属行业运行情况

4.1.1　全国非金属行业整体情况

生产保持较快增长。2019 年，非金属行业工业增加值同比增长 8.9%，增速同比提高 4.3 个百分点。主要产品产量保持较快增长，其中，水泥产量 23.3 亿 t，同比增长 6.1%；平板玻璃产量 9.3 亿重量箱，同比增长 6.6%；商品混凝土产量 25.5 亿 m^3，同比增长 14.5%；瓷质砖产量同比增长 7.5%。2010～2019 年非金属行业工业增加值同比增速如图 4-1 所示。

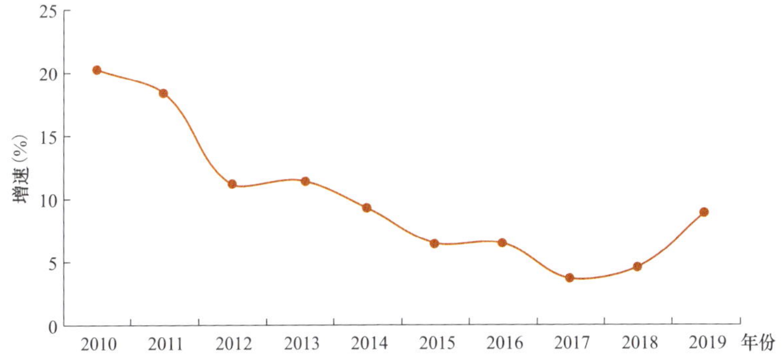

图 4-1　2010～2019 年非金属行业工业增加值同比增速

数据来源：国家统计局

价格水平有所提高。2019 年，非金属行业产品价格水平延续了 2018 年的上升态势，但涨幅回落。全年非金属行业工业品出厂价格水平同比增长 2.2%，增速同比回落 7.5 个百分点。2017～2019 年非金属行业工业品出厂价格指数如图 4-2 所示。

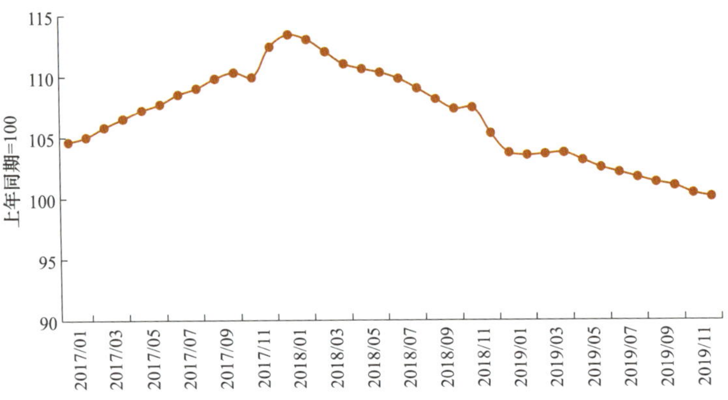

图4-2　2017～2019年非金属行业工业品出厂价格指数

数据来源：国家统计局

主营业务收入保持增长，经济效益持续提升。2019年，非金属行业实现主营业务收入5.3万亿元，同比增长9.9%，增速同比回落5.3个百分点。其中，水泥主营业务收入1.01万亿元，同比增长12.5%；平板玻璃主营业务收入843亿元，同比增长9.8%。2019年，非金属行业结构持续优化，行业经济效益明显提升。全年非金属行业实现利润总额4570亿元，同比增长7.5%，增速同比回落35.5个百分点。2010～2019年非金属行业主营业务收入、利润总额及同比增速如图4-3、图4-4所示。

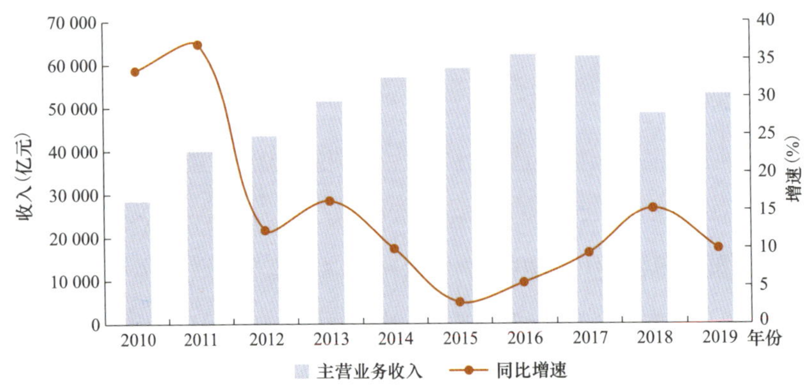

图4-3　2010～2019年非金属行业主营业务收入及同比增速

数据来源：国家统计局

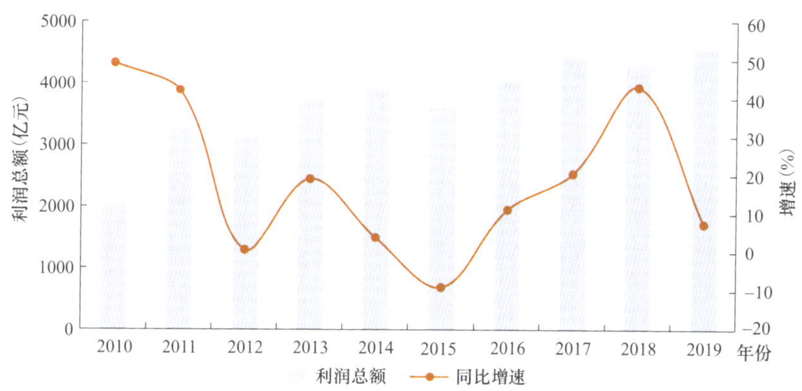

图 4-4　2010～2019 年非金属行业利润总额及同比增速

注：2011 年为 1～11 月数据。

数据来源：国家统计局

出口额增速由正转负。2019 年，国内非金属行业回暖，受出口政策及国际市场需求疲软影响，非金属行业出口有所回落，全年非金属行业出口交货值为 1795 亿元，同比下降 3%。2010～2019 年我国非金属行业出口交货值及同比增速如图 4-5 所示。

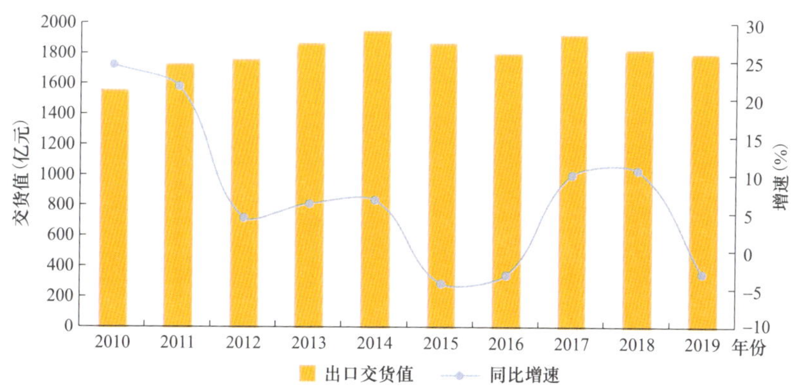

图 4-5　2010～2019 年我国非金属行业出口交货值及同比增速

数据来源：国家统计局

固定资产投资平稳增长。2019 年，非金属行业固定资产投资同比增长 6.8%，增速同比回落 12.9 个百分点，较同期制造业投资增速高出 3.7 个百分点。投资增长主要来源于建材新材料、节能环保、技术改造等领域。2010～2019 年非金属行业固定资产投资额及同比增速如图 4-6 所示。

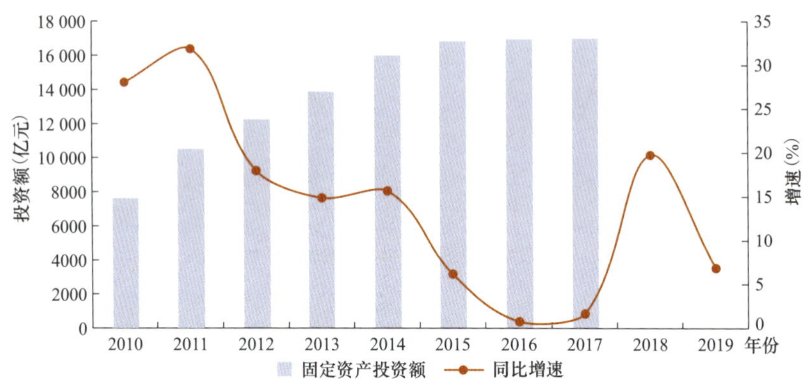

图 4-6　2010～2019 年非金属行业固定资产投资额及同比增速

数据来源：国家统计局

4.1.2　全国水泥行业运行情况

水泥是一种重要的建筑材料，也是非金属行业中最为常见的产品，广泛应用于土木建筑、水利、国防等工程。水泥行业是典型的投资拉动型行业，其需求受基建、房地产投资的波动影响较为显著。水泥量重价低、不易储存的特性，导致其生产和销售具有明显区域性特征。水泥产业链如附录图 C 所示。

产能[1]得到有效控制。2019 年，水泥行业产能置换平稳有序开展，共公告产能置换项目 14 个。通过减量置换，压减过剩产能 604 万 t，促进了行业技术进步和资源要素合理配置。2019 年，全国新点火水泥产能 2372 万 t，新点火产能最多的为西南地区。虽然 2019 年新增产能置换项目较多，但水泥总产能变化不大，主要由于 2016 年以前已获备案的产能延后建成。2019 年底，全国新型干法水泥生产线累计 1624 条，设计熟料产能维持在 18.2 亿 t，与 2018 年相当。2010～2019 年水泥产能及同比增速如图 4-7 所示。

[1] 本报告中水泥产能均指新型干法熟料生产线产能，不含其他窑型及粉磨站产能。

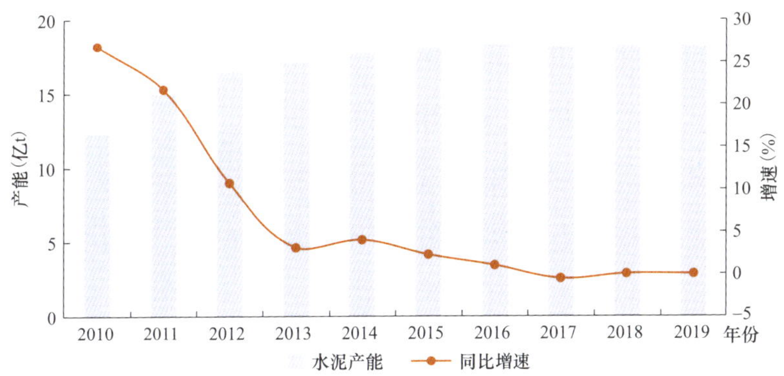

图 4-7　2010～2019 年水泥产能及同比增速

数据来源：中国水泥协会

全国水泥产量同口径[1]保持较快增长。2019 年，基础设施补短板项目加强，房地产投资维持较高水平，对水泥需求提供了较强支撑，全年水泥熟料产量 23.3 亿 t，同比增长 6.1%，是近五年来增长最快的一年。2010～2019 年水泥产量及同比增速如图 4-8 所示。

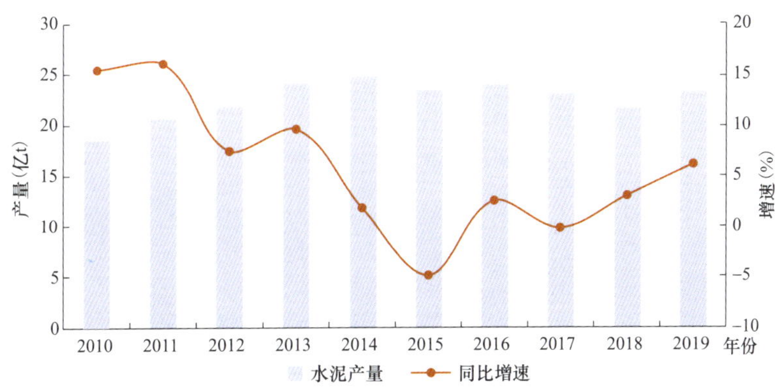

图 4-8　2010～2019 年水泥产量及同比增速

数据来源：国家统计局

水泥产量增长呈现北高南低态势。2019 年，全国范围内有五个省份水泥产

[1] 同口径指本次的统计方法与统计范围与上一次完全相同。

量同比负增长，北京、河南下滑超过两位数，分区域来看，全年水泥产量增幅最大的地区为东北，同比增长 15.9%，主要是由于南北价差持续拉大，东北水泥大量南下，带动了东北水泥企业产能利用率提升。南方五省区中，广东水泥产量为 16 712 万 t、广西为 11 920 万 t、云南为 12 845 万 t、贵州为 10 991 万 t、海南为 2019 万 t，以同口径计算，广东同比增长 2.6%、广西增长 5.4%、云南增长 8.8%，贵州下降 0.9%、海南下降 8%。2019 年我国分省市水泥产量及同比增速见表 4 - 1。

表 4 - 1　　2019 年我国分省市水泥产量及同比增速（同口径）

省市	水泥产量（万 t）	同比增速（%）	省市	水泥产量（万 t）	同比增速（%）
全国	233 036	6.1	河南	10 508	-17.4
北京	319	-19.7	湖北	11 499	7.2
天津	678	9.4	湖南	11 093	1.6
河北	10 202	14.1	广东	16 712	2.6
山西	4957	20.8	广西	11 920	5.4
内蒙古	3313	10.1	海南	2019	-8
辽宁	4557	15	重庆	6756	2.7
吉林	1723	23.6	四川	14 143	0
黑龙江	1987	5.4	贵州	10 991	-0.9
上海	432	5.6	云南	12 845	8.8
江苏	15 796	9.2	西藏	1080	18.9
浙江	13 417	9.8	陕西	6621	7.3
安徽	13 954	7.8	甘肃	4401	14.4
福建	9419	5.6	青海	1340	-1.1
江西	9632	8.2	宁夏	1889	11
山东	14 325	4.9	新疆	3835	8.8

数据来源：国家统计局

水泥需求保持旺盛。2019 年，基础设施建设投资（不含电力）累计同比增长 3.8%，增速与 2018 年持平，房地产开发投资额同比增长 9.9%，增速同比提高 0.4 个百分点。总体来看，基建投资增速保持稳定，房地产开发投资增速略有

提升，拉动水泥市场需求依然保持旺盛。全年水泥销售量为 23.3 亿 t，水泥产销率高达 99.9%。2010～2019 年水泥销售量及同比增速如图 4-9 所示。

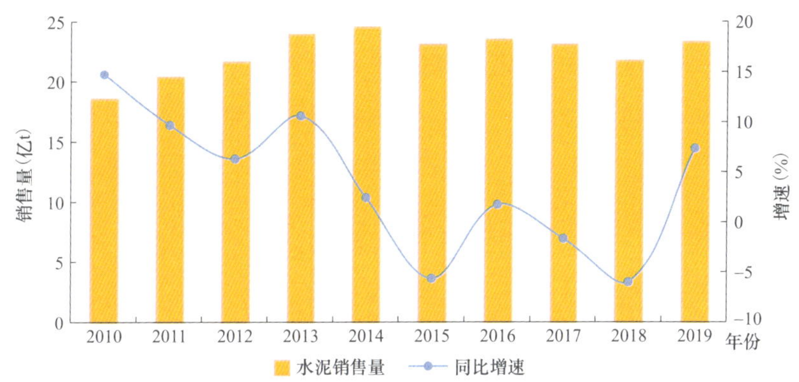

图 4-9　2010～2019 年水泥销售量及同比增速

数据来源：国家统计局

水泥价格持续高位运行。2019 年，水泥价格先跌后涨，上涨主要集中在四季度，全年 P.O 42.5 散装水泥平均价格为 459 元/t，同比增长 5%，涨幅比 2017、2018 年明显收窄，全年月度均价在 430～510 元/t 波动，12 月单月均价首次突破了 500 元/t，创下历史最高水平。2017～2019 年全国水泥价格指数如图 4-10 所示。

图 4-10　2017～2019 年全国市场水泥价格指数

数据来源：万得资讯（Wind）

4.1.3 南方五省区水泥行业运行情况

（一）广东

广东水泥产能位居南方五省区首位。2019 年底，广东省水泥产能合计为 10 230 万 t，同比增长 1.3%。华润水泥、海螺水泥、台泥水泥三家企业处于第一梯队，熟料产能合计占全省水泥产能的比重为 46.6%。塔牌水泥、中材水泥、光大水泥处于第二梯队，熟料产能合计占全省水泥产能的比重为 20.5%。2019 年广东省水泥产能排行见表 4-2。

表 4-2　　2019 年广东省水泥产能排行

排名	企业	年产能（万 t）	占全省产能的比重（%）
1	华润水泥	1814	17.7
2	海螺水泥	1752	17.1
3	台泥水泥	1209	11.8
4	塔牌集团	853	8.3
5	中材水泥	620	6.1
6	光大水泥	620	6.1
7	鸿丰水泥	310	3.0
8	油坑建材	310	3.0
9	青洲英坭	233	2.3
其他水泥企业		2511	24.6
年产能合计		10 230	—

数据来源：中国水泥网

广东水泥产量在全国名列前茅。广东省是我国水泥生产大省，产量连续多年处于全国的前列。2019 年，广东省水泥产量为 16 712 万 t，同比增长 2.6%，占全国水泥产量的比重为 7.3%，位居全国首位。同时广东又是消费大省，每年水泥实际消耗量约占全国水泥总消耗量的 10%以上。2010～2019 年广东水泥产量及同比增速如图 4-11 所示。

（二）广西

广西新增水泥产能居全国首位。2019 年底，广西水泥产能合计为 8367 万 t，同

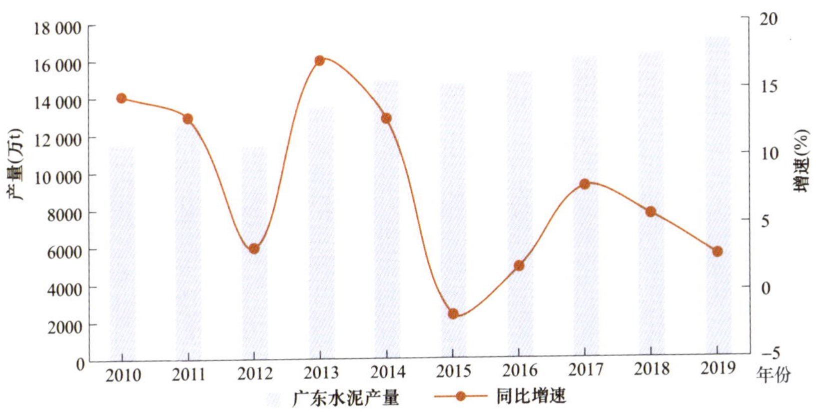

图 4-11　2010～2019 年广东水泥产量及同比增速

数据来源：国家统计局

比增长 3.3%。华润水泥、海螺水泥、鱼峰水泥三家企业熟料产能占全区熟料产能的比重分别为 31.8%、19.1%、9.5%，熟料集中度占 60.4%，处于全国较高水平。2019 年，广西为新增水泥产能最多的省份。2019 年广西水泥产能排行见表 4-3。

表 4-3　**2019 年广西水泥产能排行**

排名	企业	年产能（万 t）	占全省产能的比重（%）
1	华润水泥	2657	31.8
2	海螺水泥	1597	19.1
3	鱼峰集团	791	9.5
4	台泥集团	744	8.9
5	南方水泥	605	7.2
6	红狮水泥	465	5.6
7	虎鹰水泥	403	4.8
8	登高集团田东水泥	310	3.7
其他水泥企业		797	9.5
年产能合计		8367	—

数据来源：中国水泥网

广西水泥市场投资意愿强烈。广西水泥行业效益持续向好，区内外企业在广西投资建设水泥项目意愿强烈。2019 年，共有 6 家企业通过购买产能指标，分别在南宁、柳州、崇左、来宾、河池市开始新建或技改扩建水泥熟料生产线，共置换水泥产能 816 万 t，居全国首位。

广西水泥产量增长放缓。近年来，广西水泥产量稳定增长，行业产值和利润持续增加，2019 年水泥产量达到 11 920 万 t，同比增长 5.4%，增速同比回落 0.9 个百分点。广西水泥价格呈现淡、旺两季不同走势，1～8 月为传统水泥淡季，受到春节假期、雨季等因素影响，下游建筑、交通项目施工放缓，对水泥需求减弱；9～12 月水泥市场进入旺季，下游行业项目均加快施工进度，水泥产量增大。2010～2019 年广西水泥产量及同比增速如图 4-12 所示。

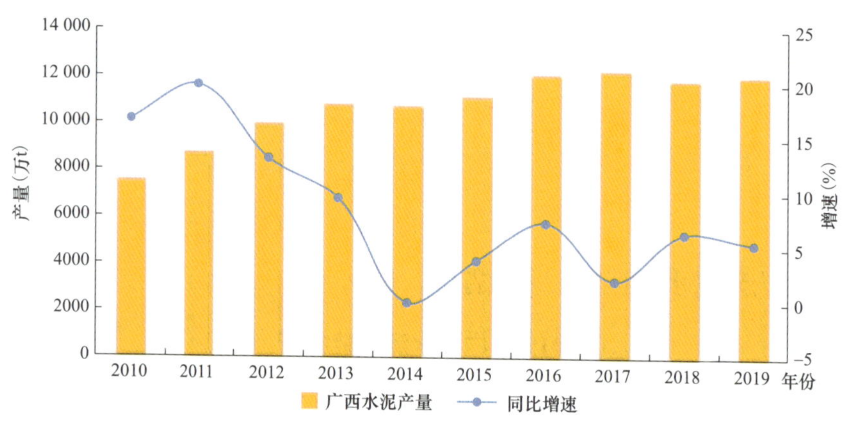

图 4-12　2010～2019 年广西水泥产量及同比增速

数据来源：国家统计局

（三）云南

云南化解水泥过剩产能成效明显。2019 年底，云南省水泥产能合计为 8931 万 t，同比增长 3.2%。2019 年，云南新增水泥产能仅次于广西，居全国第二，共 202 万 t。同时，云南严控过剩产能成效明显，淘汰落后和过剩产能共 581 万 t。云南省水泥产能排行见表 4-4。

表 4-4　2019 年云南省水泥产能排行

排名	企业	年产能（万 t）	占全省产能的比重（%）
1	西南水泥	1696	19.0
2	云南水泥	1085	12.2
3	华新水泥	1045	11.7

续表

排名	企业	年产能（万t）	占全省产能的比重（%）
4	海螺水泥	760	8.5
5	红狮集团	465	5.2
6	台泥集团	434	4.9
7	华润水泥	388	4.3
8	华宁玉珠	248	2.8
9	红塔滇西水泥	248	2.8
其他水泥企业		2564	28.7
年产能合计		8931	—

数据来源：中国水泥网

云南水泥产量增长较快。2019年，云南水泥产量为12 845万t，同比增长8.8%，增速同比提高2.9个百分点。2010～2019年云南水泥产量及同比增速如图4-13所示。

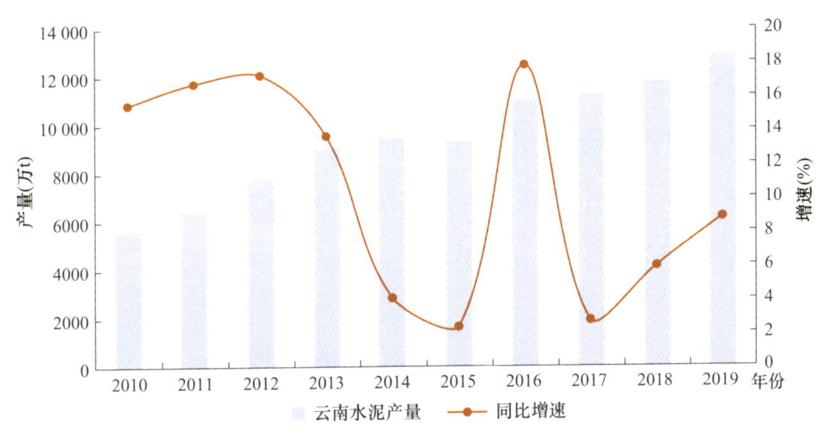

图4-13 2010～2019年云南水泥产量及同比增速

数据来源：国家统计局

（四）贵州

贵州产能置换新增产能较多。2019年底，贵州省水泥产能合计为8968万t，同比增长3.3%。2019年，贵州省新投产1条水泥熟料生产线，新增设计产能140万t，毕节、遵义等地区3家企业通过产能置换新增产能419万t，次于广西、福建、四川三省区。2019 年贵州省水泥产能排行见表 4－5。

表 4－5　　2019 年贵州省水泥产能排行

排名	企业	年产能（万 t）	占全省产能的比重（%）
1	西南水泥	2238	25.0
2	海螺水泥	1866	20.8
3	台泥水泥	567	6.3
4	红狮集团	543	6.1
5	豪龙控股	372	4.2
6	鱼峰集团	341	3.8
7	华润水泥	310	3.5
8	拉法基	220	2.5
9	盘江水泥	186	2.1
其他水泥企业		2325	25.9
年产能合计		8968	

数据来源：中国水泥网

贵州水泥需求进入下行期。2015 年之后，贵州水泥产量增速放缓。主要原因是前几年基建进度较快，一定程度上提前消耗了水泥需求的潜力。2019 年以来，随着脱贫攻坚项目逐渐收尾，省内水泥需求进入下行期。2019 年，全省水泥产量为 10 991 万 t，同比下降 0.9%，为 2010 年以来最低增长水平。2010～2019 年贵州水泥产量及同比增速如图 4－14 所示。

（五）海南

海南水泥产能集中度高。2019 年底，海南省水泥产能合计为 1395 万 t，与上年相比持平，行业生产集中度较高。2019 年海南省水泥产能排行见表 4－6。

表 4－6　　2019 年海南省水泥产能排行

排名	企业	年产能（万 t）	占全省产能的比重（%）
1	华盛天涯	915	65.6
2	华润水泥	326	23.3
3	鸿启实业	155	11.1
年产能合计		1395	

数据来源：中国水泥网

图 4-14　2010～2019 年贵州水泥产量及同比增速

数据来源：国家统计局

海南水泥行业发展受限。海南四面环海，交通不便，燃料资源匮乏，这些因素制约着水泥行业的发展。房地产的起落直接影响水泥业。2010～2015 年是海南水泥产量快速增长期，2016 年产量零增长，水泥产量进入下行通道。2019 年，海南省水泥产量为 2019 万 t，同比下降 8.0%，为 2010 年以来最低增长水平。2010～2019 年海南水泥产量及同比增速如图 4-15 所示。

图 4-15　2010～2019 年海南水泥产量及同比增速

数据来源：国家统计局

4.2 2020～2021年水泥行业发展展望

4.2.1 水泥行业政策及影响

引导水泥行业转型升级加速。2019年10月，国家发改委发布《产业结构调整指导目录（2019年本）》（简称《目录》），自2020年1月1日起施行。水泥行业鼓励类包括水泥窑协同处置废弃物、特种水泥技术及产品研发与应用、粉磨系统节能改造等；限制类为2000t/日以下熟料新型干法水泥生产线（特种水泥生产线除外）、60万t/年以下水泥粉磨站。淘汰类为干法中空窑（生产铝酸盐水泥等特种水泥除外），水泥机立窑，立波尔窑、湿法窑等。《目录》对当前水泥行业提出较为明确的发展目标，鼓励使用水泥工艺脱盐预处理垃圾焚烧飞灰，将“烟气二氧化碳捕集纯化技术”列为鼓励类，表明了在碳减排方面的决心。

推动解决水泥地方基建资金来源问题。2020年4月，中国证监会与国家发展改革委联合发布了《关于推进基础设施领域不动产投资信托基金（REITs）试点相关工作的通知》，标志着境内基础设施领域公募REITs试点正式起步。对于水泥行业，基建REITs有助于解决地方基建资金来源问题，保障水泥的稳定供应。

持续开展水泥错峰生产打好污染防治攻坚战。2020年1月，山西、内蒙古、辽宁、山东、河南、陕西、浙江等地陆续发布了2019～2020年采暖季水泥行业错峰生产方案，避免水泥熟料生产排放与取暖锅炉排放叠加，减轻采暖期大气污染。水泥错峰生产有效缓解了产能严重过剩矛盾。

产能置换政策更严，2020年置换项目增多。2019年公布的水泥产能置换项目数量及产能与上年基本持平。2020年1月，工信部原材料司对水泥产能置换政策具体操作明确了置换细则。自2021年起，已停产两年或三年内累计生产不超过一年的水泥熟料、平板玻璃生产线将不能作为产能置换的指标。2020年，水泥产能置换项目可能多于2019年。

4.2.2　2020 年以来水泥行业运行情况

（一）产品价格

新冠肺炎疫情导致水泥价格下降，但同比降幅有限。2020 年一季度，受到新冠肺炎疫情影响，多地区水泥企业减产停产，水泥价格持续下跌；二季度，随着复工复产和各地逆周期调节的启动，水泥价格在 4 月中旬出现反弹；6 月初开始，受雨水和高温天气影响，下游需求下滑，水泥价格再次下跌。上半年，全国水泥（以 P.O 42.5 散装为例）均价 448 元/t，同比下降 1%；6 月底全国水泥价格指数同比下降 3.6%。2020 年上半年全国水泥价格指数与 2019 年对比如图 4－16 所示。

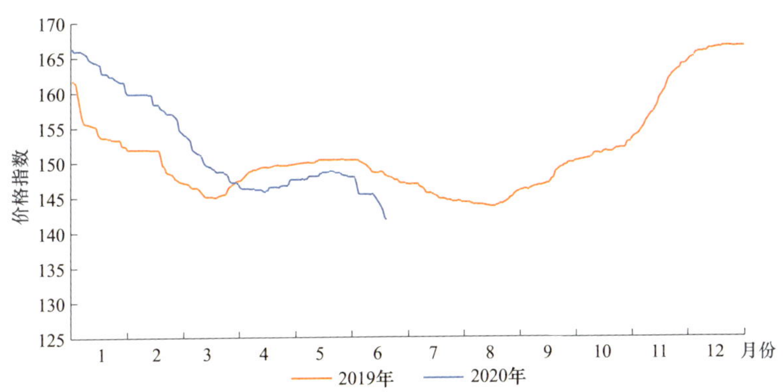

图 4－16　2020 年上半年全国水泥价格指数与 2019 年对比

数据来源：万得资讯（Wind）

（二）行业生产情况

二季度水泥产量逐渐恢复。从以往来看，4～5 月一直是水泥生产最旺的季节之一。2020 年一季度，全国水泥产量同比大幅下滑，但随着后期需求的释放，水泥产量降幅收窄。1～6 月，全国水泥产量 10 亿 t，同比下降 4.8%，降幅比 1～5 月收窄 3.4 个百分点。2020 年上半年全国水泥产量与往年对比如图 4－17 所示。

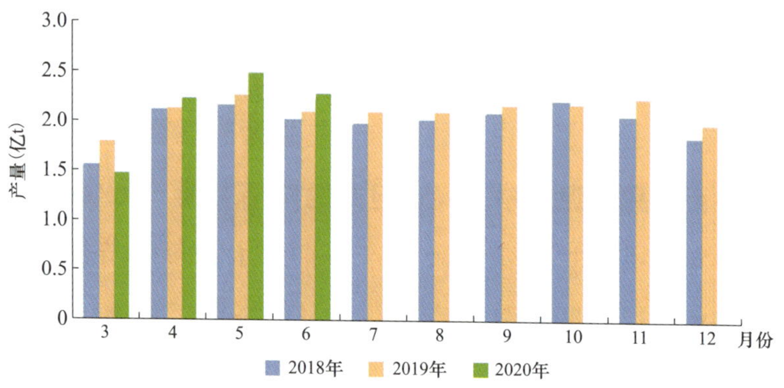

图4-17　2020年上半年全国水泥产量与往年对比

数据来源：国家统计局

新冠肺炎疫情对水泥行业全年生产影响有限。从短期来看，2020年一季度水泥行业的生产运行受到较大影响。从全年来看，一季度是水泥行业的生产运行淡季，新冠肺炎疫情爆发时间与水泥淡季重合，后续水泥企业通过赶工将回补新冠肺炎疫情期内减产量，新冠肺炎疫情对行业的影响时间较短。

（三）行业需求情况

新冠肺炎疫情对水泥需求的影响主要在一季度。水泥需求主要来自于基建、房地产、农村市场，整体占比接近1∶1∶1。其中，农村市场需求较为稳定，水泥需求主要受基建和地产拉动。新冠肺炎疫情防控期间，物流运输和人员流动限制影响房地产、基建工程的开工，水泥需求端受到影响。但二季度需求回升明显，国家稳增长、拉内需等系列政策将利好水泥行业需求。总体来看，一季度对水泥行业全年的需求影响较小。2015～2020年全国水泥产量、基建和房地产固定资产投资累计同比增速如图4-18所示。

逆周期调节带动水泥需求。为应对新冠肺炎疫情影响，作为政府发挥主导作用的基建将成为拉动经济的重要手段。2020年两会政府工作报告中已明确，全年拟安排地方政府专项债券3.75万亿元，比上年增加1.6万亿元，提高专项债券可用作项目资本金的比例，中央预算内投资安排6000亿元。目前，多个省

图4-18 2015～2020年全国水泥产量、基建和房地产固定资产投资累计同比增速

数据来源：万得资讯（Wind）

份已陆续公布了2020年重点建设项目投资计划，投资总额较大，基建投资仍是其中的重要部分。为减小新冠肺炎疫情对经济的影响，基建项目审批速度加快，新增项目建设将会在2020年下半年逐步开启，有力支撑基建投资的增长，对水泥需求产生正面影响。

4.2.3 全国水泥行业供需形势预测

2020年水泥需求小幅波动，2021年增速回升。2020年上半年，需求淡季叠加新冠肺炎疫情因素影响，水泥行业产量和价格均下跌；下半年，随着政策发力，基建和房地产将对水泥需求起到较强的支撑和拉动作用，预计2020年水泥需求维持在平台期内波动，波动幅度为2%左右。2021年，房地产开发投资增速将保持放缓态势；基建投资作为逆周期调节工具，承担起“稳增长”重任，投资规模仍较大。预计2021年水泥需求同比增长约3%。

全年新投产超5000万t。根据中国水泥协会初步统计，2020年有37条生产线达到投产条件，合计产能5580万t，主要集中在华东、华南和西南区域。

预计2020年全国水泥产量保持平稳，2021年小幅增长。2020年，水泥行业需求端有支撑，错峰生产常态化及环保、停产等调节措施，供给控制仍将继续，行业运行继续保持稳定。预计2020年全国水泥产量在22亿～23亿t左右，产量与上年基本持平；2021 年，全国水泥产量约为 24.1 亿 t，同比增长约 2.7%。

2020～2021 年全国水泥产量预测见表 4-7。

表 4-7　　2020～2021 年全国水泥产量预测

项目	2019 年	2020E	2021E
产量（万 t）	233 036	234 201	240 524
同比增速（%）	6.1	0.5	2.7

4.2.4　南方五省区水泥产量预测

预计 2020 年，广东、广西、云南水泥产量保持增长态势，贵州水泥产量触底反弹，海南水泥产量持续下降。

广东：随着大湾区基础设施建设进一步加大力度及提前下达专项债，将持续拉动广东水泥市场需求。同时，广东将对粤东西北地区加大补短板的力度，虽然房地产市场需求将有所放缓，但基建和农村市场的增量能够填补房地产缺口。从供给端来看，错峰生产政策和环保政策将继续严格实施，2020 年广东省供给端变化不大。预计 2020 年广东水泥需求将略有增长，水泥产量约为 16 912 万 t，同比增长 1.2%；2021 年，产量将达 17 673 万 t。

广西：广西发展水泥工业具备资源丰富、交通物流便利、紧邻消费市场等优势。目前还有多条在建生产线，建设产能预计在未来 3 年逐步释放。由于产能过剩、环保压力，广西水泥企业实施错峰生产，1～4 月需停窑 20 天。随着广西工信厅《印发关于严格产能管理推动水泥平板玻璃行业健康有序发展的通知（征求意见稿）》的发布，后续新增产能将会得到控制，水泥产量增速放缓。预计 2020 年，广西水泥产量约为 12 218 万 t，同比增长 2.5%；2021 年，产量约为 12 841 万 t。

云南：近几年，云南水泥需求增长较快。未来云南将着力加快机场、水运航道等大型项目建设进度，水泥市场需求总体保持良好态势。预计 2020 年云南

水泥产量保持稳定增长，但新冠肺炎疫情对一季度云南水泥行业打击较大，预计全年产量约 12 742 万 t，同比增长 0.6%，增速有所回落；2021 年，全省水泥产量约 13 400 万 t。

贵州：贵州一系列基建投资将持续拉动水泥需求，相关部门发布多项举措，全力保持水泥等传统建材工业平稳健康发展。同时，推动部分企业通过产能“减量置换”等方式压减部分低效产能，在毕节等地建设一批装备工艺和节能环保水平更高的水泥生产线。预计 2020 年贵州省水泥行业回升态势良好，产量约 11 376 万 t，同比增长 3.5%；2021 年，产量约为 11 706 万 t。

海南：海南房地产市场对水泥需求的支撑作用变弱，自贸港建设加快，基建水泥需求上升。2020 年上半年，新增项目落地及工程开工普遍延缓，需求恢复不达预期，外来水泥冲击本地市场。综合预计，2020 年省内水泥产量 1888 万 t，同比下降 6.5%；2021 年，产量为 1801 万 t。2020～2021 年南方五省区水泥产量预测见表 4-8。

表 4-8　　2020～2021 年南方五省区水泥产量预测

分类	省份	2019 年	2020E	2021E
产量（万 t）	南方五省区	54 486	55 316	57 421
	广东	16 712	16 912	17 673
	广西	11 920	12 218	12 841
	云南	12 845	12 922	13 400
	贵州	10 991	11 376	11 706
	海南	2019	1888	1801
同比增速（%）	南方五省区	3.5	1.5	3.8
	广东	2.6	1.2	4.5
	广西	5.4	2.5	5.1
	云南	8.8	0.6	3.7
	贵州	−0.9	3.5	2.9
	海南	−8	−6.5	−4.6

4.3 南方五省区水泥行业电力消费

4.3.1 水泥行业与电力的关系

（一）水泥行业生产电耗

水泥单位产品生产电耗不高，电耗总体呈下降趋势。2019年，南方五省区单位水泥产品电耗约62.5kWh/t，低于全国平均水平。其中，广东为56.0kWh/t、广西为68.0kWh/t、云南为65.4kWh/t、贵州为60.0kWh/t、海南为78.3kWh/t。随着水泥生产技术的进步，单位产品电耗将呈下行趋势，预计2020～2021年南方五省区单位水泥产品电耗将在60kWh/t左右。2015～2019年南方五省区单位水泥产品电耗走势如图4-19所示。

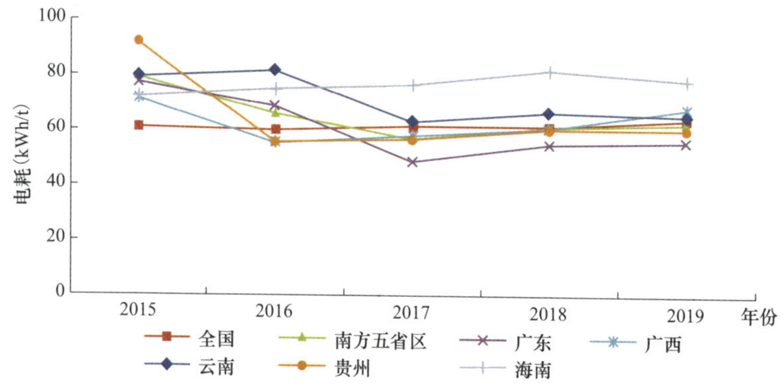

图4-19　2015～2019年南方五省区单位水泥产品电耗走势

数据来源：国家统计局、中国电力企业联合会

（二）水泥行业用电价格及电力成本分析

水泥企业实行差别及阶梯电价。我国水泥企业执行差别电价，对限制类、淘汰类的企业用电实行加价，同时实行基于能耗的阶梯电价。

水泥生产成本中，电力成本占比为15%左右。在水泥生产过程中，能源的主要消耗为煤与电，其中电耗包括由水泥生产过程中原燃料制备、熟料煅烧、

水泥粉磨所消耗的电能（电耗）组成。水泥的全部成本中，原材料（石灰石、黏土、耐火材料等）费用比重约为20%、煤的费用比重为30%、电费比重为15%、折旧比重为18%，其他费用比重为17%。此外，由于余热发电量占水泥耗电量的比重为30%～45%，随着余热发电技术的普及推广，水泥用电成本将明显下降。

4.3.2　2019年水泥行业用电情况

南方五省区水泥行业用电量302亿kWh，同比增长5.5%，低于全国增速。2019年，全国水泥行业用电量约为1492亿kWh，同比增长10.1%。南方五省区水泥行业用电量为302亿kWh，同比增长5.5%，比2018年提高2.7个百分点；占全国水泥行业用电量的比重为20.2%，比重同比有所回落。

广东、广西、云南水泥行业用电量增长较快，贵州、海南行业用电量负增长。2019年，广东水泥行业用电量为93.5亿kWh，广西为81.0亿kWh、云南为84.0亿kWh、贵州为27.6亿kWh、海南为15.8亿kWh，同比分别增长6.4%、13.5%、6.9%、-9.0%、-8.1%。广东、云南两省水泥需求向好，产量增幅较高，行业用电增长较快；广西基础设施、房地产、工业投资快速增长，下游行业投资的快速增长有效拉动了水泥的市场需求；贵州大部分重点工程收尾，水泥需求和产量下滑；海南受房地产限购政策影响，水泥需求偏弱。

2015～2019年全国及南方五省区水泥行业用电情况见表4-9。

表4-9　　2015～2019年全国及南方五省区水泥行业用电情况

分类	省份	2015年	2016年	2017年	2018年	2019年
用电量（亿kWh）	全国	1432	1437	1425	1355	1492
	南方五省区	372	336	278	285	302
	广东	112	104	76.9	87.9	93.5
	广西	79.1	66.1	70.7	71.4	81.0
	云南	73.8	89.5	71.3	78.6	84.0
	贵州	91.0	59.9	41.7	30.3	27.6
	海南	16.1	16.7	16.9	17.2	15.8

续表

分类	省份	2015 年	2016 年	2017 年	2018 年	2019 年
同比增速（%）	全国	－8.9	0.3	－0.9	－4.9	10.1
	南方五省区	3.9	－9.5	－4.3	2.8	5.5
	广东	－3.4	－6.9	4.3	14.3	6.4
	广西	1.4	－16.4	8.3	1.0	13.5
	云南	－15.4	21.3	－20.3	10.2	6.9
	贵州	53.0	－34.2	－12.1	－27.4	－9.0
	海南	－6.9	4.0	4.8	1.6	－8.1

数据来源：中国电力企业联合会

4.3.3 2020～2021 年水泥行业用电预测

预计 2020 年南方五省区水泥行业用电量约为 307 亿 kWh。广东水泥行业用电量将平稳增长，2020 年用电量为 95.9 亿 kWh，同比增长 2.5%；广西水泥产能处于高位，增长空间小，增速回落，2020 年用电量为 81.9 亿 kWh；2020 年云南水泥行业用电量约为 84.8 亿 kWh，增速下滑；贵州推进水泥行业转型升级，2020 年用电量约为 29.6 亿 kWh，增速回升；海南水泥市场需求受房地产限购政策影响较大，用电量呈下降走势，2020 年用电量为 14.9 亿 kWh。

预计 2021 年南方五省区水泥行业用电量约为 317 亿 kWh。广东、广西、云南和贵州水泥行业用电量同比分别增长 4.1%、3.5%、2.8%、2.9%，海南同比下降 3.4%。2020～2021 年南方五省区水泥行业用电量预测见表 4-10。

表 4-10　　2020～2021 年南方五省区水泥行业用电量预测

分类	省份	2019 年	2020E	2021E
用电量（亿 kWh）	南方五省区	302	307	317
	广东	93.5	95.9	99.9
	广西	81.0	81.9	84.7
	云南	84.0	84.8	87.1
	贵州	27.6	29.6	30.4
	海南	15.8	14.9	14.4

续表

分类	省份	2019年	2020E	2021E
同比增速（%）	南方五省区	5.5	1.7	3.1
	广东	6.4	2.5	4.1
	广西	13.5	1.0	3.5
	云南	6.9	0.9	2.8
	贵州	-9.0	7.3	2.9
	海南	-8.1	-5.7	-3.4

附录 A　主要高载能行业产业链图

A1　铝冶炼产业链

铝冶炼产业链主要由铝土矿采选、氧化铝生产、电解铝生产和铝合金加工四个环节组成。铝合金应用范围十分广泛，主要在建筑、交通、机械、电子等领域。铝冶炼产业链图如图 A1 所示。

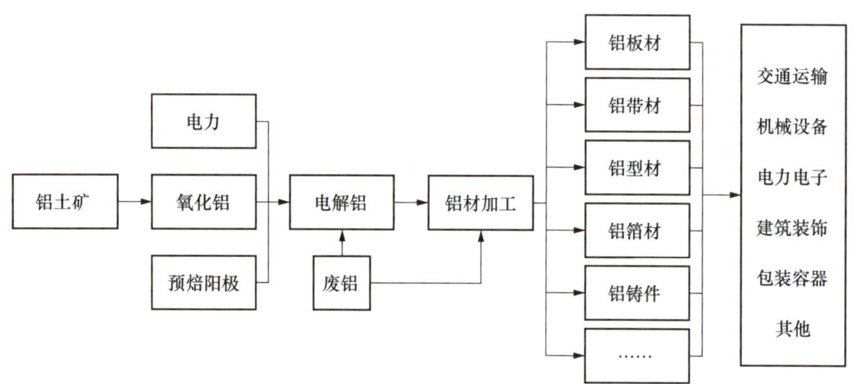

图 A1　铝冶炼产业链图

数据来源：公开资料整理

A2　钢铁产业链

钢铁工业作为一个原材料的生产和加工部门，处于工业产业链的中间位置。上游主要包括铁矿石开采，焦煤开采洗选、炼焦等，下游触及基建、地产、机械、汽车、船舶、家电、航空航天等多个领域。钢铁产业链图如图 A2 所示。

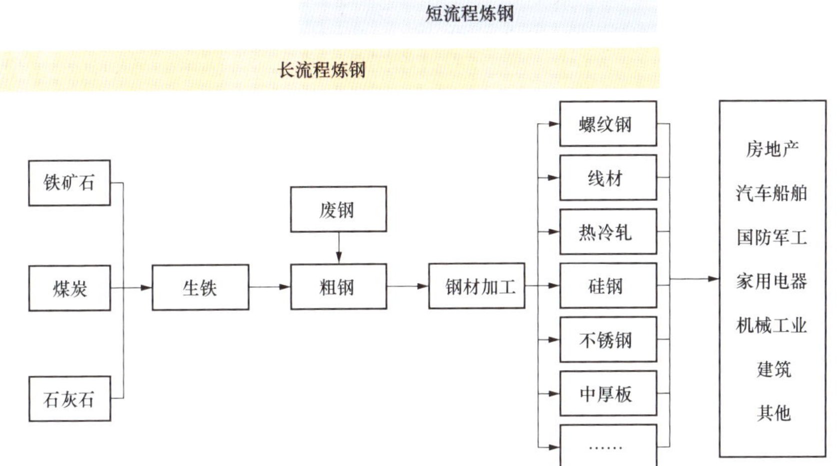

图 A2　钢铁产业链图

数据来源：公开资料整理

A3　水泥产业链

水泥产业链上游主要是以矿物为主的原料和燃料，包括石灰石矿、黏土、煤炭、电力及其他材料，下游主要是基建、房地产和农村建设等，消费基本上各占 1/3 的比例。水泥产业链图如图 A3 所示。

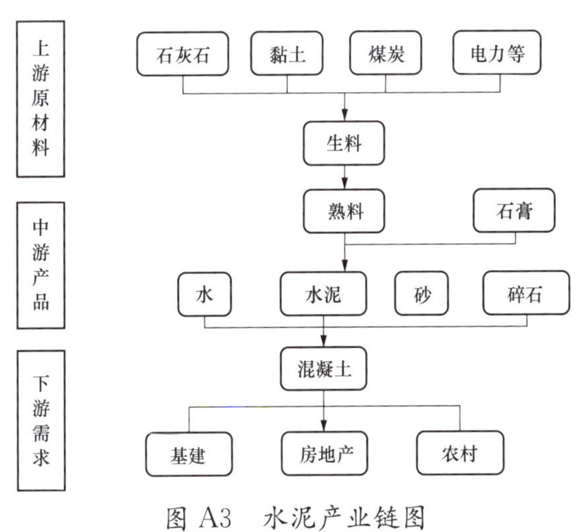

图 A3　水泥产业链图

数据来源：公开资料整理

参 考 文 献

[1] 国际货币基金组织．世界经济展望：预计全球经济2020年将收缩4.9%［R］．华盛顿：国际货币基金组织，2020.

[2] 国家统计局．2019年国民经济和社会发展统计公报［EB/OL］．2020-02-28［2020-07-30］．http://www.stats.gov.cn/tjsj/zxfb/202002/t20200228_1728913.html.

[3] 国家发改委，工信部，能源局，财政部，人力资源社会保障部，国资委．关于做好2020年重点领域化解过剩产能工作的通知［EB/OL］．2020-06-12［2020-07-30］．https://www.ndrc.gov.cn/xxgk/zcfb/tz/202006/t20200618_1231503.html.

[4] 工信部，科技部，商务部，市场监管总局．原材料工业质量提升三年行动方案（2018—2020年）［EB/OL］．2018-10-16［2020-07-30］．http://www.miit.gov.cn/n1146295/n1652858/n1652930/n3757017/c6452322/content.html.

[5] 国家发改委．产业结构调整指导目录（2019年本）［EB/OL］．2019-10-30［2020-07-30］．http://www.gov.cn/xinwen/2019-11/06/content_5449193.htm.

[6] 工信部．水泥玻璃行业产能置换实施办法操作问答［EB/OL］．2020-1-3［2020-07-30］．http://www.miit.gov.cn/n1146285/n1146352/n3054355/n3057569/n3057572/c7597502/content.html.

[7] 中国证监会，国家发改委．关于推进基础设施领域不动产投资信托基金（REITs）试点相关工作的通知［EB/OL］．2020-04-24［2020-07-30］．http://www.csrc.gov.cn/pub/newsite/zjhxwfb/xwdd/202004/t20200430_374845.html.

[8] 国家发展改革委办公厅，工业和信息化部办公厅．关于完善钢铁产能置换和项目备案工作的通知［EB/OL］．2020-01-23［2020-07-30］．https://www.ndrc.gov.cn/xxgk/zcfb/tz/202001/t20200123_1219768.html.

[9] 生态环境部，发改委，工信部等．关于京津冀及周边地区2019—2020年秋冬季大气污染综合治理攻坚行动方案［EB/OL］．2019-10-16［2020-07-30］．http://www.mee.gov.cn/xxgk2018/xxgk/xxgk03/201910/t20191016_737803.html.

[10] 工信部．2019年有色金属行业经济运行情况［EB/OL］．2020-03-10［2020-07-30］．http://www.miit.gov.cn/n1146312/n1146904/n1648356/n1648358/c7808843/content.html.

[11] 工信部 .2019 年钢铁行业经济运行情况 [EB/OL]. 2020 - 03 - 11 [2020 - 07 - 30]. http://www.miit.gov.cn/n1146312/n1146904/n1648356/n1648357/c7812243/content.html.

[12] 工信部 .2019 年铝行业经济运行情况 [EB/OL]. 2020 - 03 - 11 [2020 - 07 - 30]. http://www.miit.gov.cn/n1146285/n1146352/n3054355/n3057569/n3057578/c7811724/content.html.

[13] 工信部 .2019 年水泥行业经济运行情况 [EB/OL]. 2020 - 03 - 14 [2020 - 07 - 30]. http://www.miit.gov.cn/n1146312/n1146904/n1648356/n1648361/c7821089/content.html.

[14] 广东工信厅 . 广东省培育钢铁等先进材料产业集群行动计划（2021—2025 年）（征求意见稿）[EB/OL]. 2020 - 05 - 11 [2020 - 07 - 30]. http://gdii.gd.gov.cn/zwgk/tzgg1011/content/post_2990974.html.